사제 김병상의 삶과 신앙의 기록

따뜻한 동행

사제 김병상의 삶과 신앙의 기록

따뜻한 동행

김병상과함께 지음

리북

축하의 글

기쁨과 희망으로 가득 찬 세상

정 신 철 주교 | 인천교구장

제주도에서 예멘 난민들을 만나고 온 날 저녁, 김병상 몬시뇰의 삶을 기록한 『따뜻한 동행』을 접하게 되었습니다. 한국이라는 낯선 땅에서, 누구에게도 의지할 수 없는 난민들의 어려움을 마음으로 대하면서, 예수님의 말씀이 생각났습니다. "내가 진실로 너희에게 말한다. 너희가 내 형제들인 이 가장 작은 이들 가운데 한 사람에게 해 준 것이 바로 나에게 해 준 것이다." 마태 25,40

우리의 1970년대 이후 역사는 아픔이었고 질곡이었습니다. 전쟁의 상처가 아물기도 전에 군사독재가 시작되었고, 경제 발전이라는 미명 아래 모든 것이 짓눌리고 묶이는 시대가 시작되었습니다. '잘 살아보세'라는 물질주의 이데올로기 안에서 장애물로 여겨진다면, 경제적 이익에 도움이 되지 않는다면 무엇이든 과감히 버리고 무시하고 때로는 없애버리는 공포의 시대를 살았다고 생각합니다. 이처럼 잘 살고 싶다는 욕망 하나가 모든 이들의 눈을 막았고 귀를 닫게 하였습니다. 이런 시기에 하느님의 모상으로서 기본 권리인 인권을 옹호하고, 어렵고 가난하고 작은 이들에게 다가가 한몸 한마음으로 함께한 김병상 몬시뇰의 헌신은 신앙의 힘이 아니면 힘들었다고 생각합니다.

김병상 몬시뇰은 교우촌인 충남 공주 유구에서 태어나셨습니다. 교우촌에서의 출생과 성장은 신앙이 오롯이 배인 사제로 그리고 신앙의 증인으로 일생을 살게 하였습니다. 특히 온 삶을 이 땅의 가장 작은 이들을 위해서 헌신하셨고, 물질의 노예가 아니라 정의와 평화가 넘치는 세상을 만들기 위해 노력하였습니다. 이는 제2차 바티칸공의회 사목헌장의 제목처럼 '기쁨과 희망'으로 가득 찬 세상을 만들기 위한 노력이었습니다.

『따뜻한 동행』을 읽으면서 많은 분들이 김병상 몬시뇰의 삶과 신앙에서 나오는 힘을 느끼실 것입니다. 그 힘은 세상의 힘이 아닌, '가장 작은 이들'을 위한 헌신과 사랑의 힘이라는 것을 아시게 될 것입니다. 지금도 세상에는 가장 작은 이들이 목놓아 외치고 있습니다. 하지만 우리는 이를 잘 듣지 못합니다. 그러나 김병상 몬시뇰이 사신 삶을 함께 걷다보면, 그 목소리를 듣게 되고, 그들에게 다가가 기쁨과 희망으로 가득 찬 세상을 만들기 위한 노력에 동참하실 것입니다.

책이 나오기까지 수고하신 모든 분들에게 감사드립니다.

축하의 글

따뜻한 미소, 오랜 동행

황상근 신부

김병상 몬시뇰은 반년이 넘게 병환으로 많은 고통을 받고 있습니다. 몸도 무너졌지만 마음의 상처도 너무 깊을 것입니다. 이러한 시기에 김병상 몬시뇰의 삶과 신앙을 기록한 『따뜻한 동행』의 발간은 그에게 무엇보다 위로와 기쁨을 주고 치유에 큰 도움을 줄 것입니다.

오랫동안 병원에서 어린 아기처럼 다른 사람들에게 완전히 의존해야 하고 때로는 치료과정에서 물건처럼 다루어지는 체험을 할 수밖에 없었을 몬시뇰은 그럼에도 불구하고 특유의 유머감각을 잃지 않고 교회와 세상을 향해 깊이 있는 통찰을 하고 계십니다. 많은 시간 그가 흘렸을 눈물과 간절한 기도가 느껴졌습니다.

　오랜 시간 함께 해 온 저의 사제서품 동기 김병상 몬시뇰은 감당할 수 없을 만큼 큰 힘 앞에서도 굴하지 않는 용기를 보이셨고, 두려울수록 여유 있고 따뜻한 미소를 잃지 않는 어른이셨습니다.

　『따뜻한 동행』은 김병상 몬시뇰의 삶과 신앙의 길을 함께 걸었던 여러분들이 기억하고 기록한 것입니다. 이 기록은 예전처럼 몬시뇰이 여러분들과 만나서 나누는 대화라고 할 수 있습니다. 이 생생하고 즐거운 대화를 통해 김병상 몬시뇰이 그동안 겪은 많은 아픔과 어두움 속에서 자신을 다시 찾는 기쁨을 얻게 되기를 기도합니다.

축하의 글

달릴 길을 다 달렸으며 믿음을 지켰습니다
2티모 4,7

함 세 웅 신부

    2018년 3월 7일 사순절 중턱, 김병상 신부님은 길병원에서 뇌경색으로 쓰러지셨습니다. 모두 놀랐습니다. 그후 인천성모병원을 거쳐 지금은 인천교구 시니어타운 마리스텔라에서 회복 중에 계십니다. 9개월의 투병기간은 김병상 신부님과 우리 모두에게 어둠의 과정, 십자가의 길 그리고 하느님과 이웃 앞에 더욱 겸허하라는 시련의 시기였습니다. 신부님의 건강 회복을 위해 지금까지 애쓰고 계신 조카들과 손녀, 봉사자 등 많은 분들의 헌신을 기립니다. 특히 오늘 더욱 감사하고 기쁜 마음으로 출판모임에 함께한 분들과 함께, 또 앞으로 이 책을 통해 만날 모든 분들을 마음에 품고 함께 기도드립니다.

지난 9월 20일 한국 순교성인 축일에 저는 가족들과 함께 병상에 계신 신부님을 모시고 미사를 봉헌했습니다. 하느님과 순교자들을 새롭게 만나는 은총의 시간, 축복의 자리였습니다. 십자가를 지고 주님을 따르라는 당일의 복음 말씀 루카 9,23-26을 읽고 묵상했습니다. 신부님을 사랑하고 존경하는 분들이 지금 책 출판을 준비하고 있다는 소식을 신부님께 알려드리고 기도를 청했습니다. 우리는 모두 눈을 감았습니다. 신부님은 잠시 집중하신 뒤 다음과 같이 기도하셨습니다.

하느님, 어머니가 그립습니다. 제 어머니의 믿음이 저를 사제로 이끌었습니다. 저는 순교자들의 후손입니다. 이 9월에 무엇보다도 순교자들의 용기와 결단을 기립니다. 저는 건강 때문에 신학교를 떠났고 십여 년 뒤에 다시 신학교에 들어갔습니다. 너무 힘들었지만 잘 견뎌 이렇게 사제가 되었습니다. 하느님, 저는 참으로 보잘것없고 매우 부족합니다. 그러나 하느님의 도우심으로 교우들과 어려운 이웃을 위해 저 나름대로 순교자들을 본받으며 사제로서 최선의 삶을 살도록 노력했습니다. 정의구현사제단과 함께 몸 바쳐 뛰었습니다. 모든 은인 교우들과 동지들을 기억하여 주십시오.

오늘 함께한 모든 이들을 축복해주소서. 그리고 복음에서 병자를 치유해 주셨듯이 예수님, 저도 일으켜 세워 주십시오. 성모님께도 전구합니다. 하느님, 이 모든 것을 성령 안에서 우리 주 예수 그리스도를 통하여 비나이다. 아멘!"

    그날 우리는 손바닥이 부서질 정도로 크게, 아주 크게 "와!" 하고 환성을 올리며 손뼉을 쳤습니다. 그 기도는 신부님의 사제생활 한평생을 압축한 가장 아름다운 감사와 신앙고백이었습니다. 바로 오늘 그 기도를 우리는 장엄하게 확인하고 있습니다.
    이 책은 바로 그 기도의 해설서입니다. 하느님을 위해 신부님과 함께 매순간 최선을 다하기 바라며 모든 분들의 영육간 건강과 건투를 기원합니다. 아멘.
    고맙습니다.

2018년 10월 1일
성녀 소화 데레사 축일에

감사의 글

아름다운 인연

김 일 회 신부 | '김병상과함께' 대표

'담쟁이'라는 시 가운데 이런 구절이 있습니다. "한 뼘이라도 꼭 여럿이 함께 손을 잡고 올라간다." 이같은 마음이 김병상 몬시뇰의 삶과 신앙의 기록『따뜻한 동행』이 세상이 나올 수 있도록 한 바탕이었습니다.

몬시뇰께서 직접 글을 남긴 것이 적고 당신의 삶을 구술한 내용들과 단편으로 남긴 이야기들만이 있어 책을 만드는 데 큰 어려움이 있었습니다. 그렇지만 삶의 흔적이 분명하셨기에 어려움 속에서도 우리들 마음속에 그분을 기억할 수 있는 소중한 기록이 정리될 수 있었습니다.

이 책은 몬시뇰께서 인천 주안1동성당에 1987년부터 1993년까지 본당신부로 있을 때 아름다운 인연을 맺었던 사람들이 '김병상과함께'라는 이름으로 만들어낸 소중한 결실입니다.

저는 신부님께서 주안1동에 부임하였을 당시 신학과 1학년이었습니다. 당시 주안1동성당의 신학생들은 12명이나 된 적도 있었습니다. 방학 때가 되면 신부님께서는 신학생들에게 성당 도색 작업, 전기공사 그리고 교적 정리도 하도록 하였습니다. 물론 일을 마치면 꼭 노동에 대한 충분한 대가를 주었기에 불평이 없었습니다. 노동하는 삶과 사제의 길이 다르지 않음을 깨우쳐 주신 소중한 경험이었습니다.

그리고 신부님은 방학 중에 우리 신학생들에게 여러 체험을 해야 한다고 하면서 주일학교 교사들과 함께 나이트클럽에 데리고 간 적도 있습니다. 물론 신부님은 춤도 추지 않으면서 우리들을 데리고 갔습니다. 그리고 방학 중에 쓰레기 매립장이었던 난지도 체험, 공장 체험, 장애인복지시설 체험을 꼭 하도록 하였습니다. 그러한 몬시뇰과의 아름다운 인연이 지금까지 남아 이렇게 『따뜻한 동행』이라는 책을 만들 수 있도록 하였습니다.

김병상 몬시뇰에 대한 기억을 더듬어 보면 투사의 모습은 아니지만 힘들고 지친 곳에 늘 함께 있었고, 교회에 대한 사랑과,

한국 교회의 순교자 역사에 대해 특별한 관심을 가졌습니다. 많은 분들이 김병상 몬시뇰에 대한 기억이 있을 것입니다. 특히 본당신부로 함께 있었던 신자들의 기억에서, 동일방직사건에서 함께 울었던 사람들의 마음속에서, 실업극복운동본부에서 함께 했던 사람들, 민족문제연구소·지학순정의평화기금·기쁨과희망사목연구원·목요회 등의 활동 속에서 기억하는 분들 마음속에 김병상 몬시뇰은 따뜻한 동행자였다고 생각합니다. 그래서 이 책의 제목을 『따뜻한 동행』으로 하였습니다.

  몬시뇰이 살아온 삶의 궤적을 찾아내, 교회와 사회에서 보여준 모습 그대로 세상에 알리기 위해 모인, '김병상과함께'의 주안1동성당 출신 신부들과 평신도 모든 분들께 감사 인사를 드립니다. 이 책이 출간될 수 있도록 자료 수집과 집필을 맡아 결실을 맺게 한 박영대, 한상욱 님 그리고 함께 사진 작업과 편집을 도와준 박현주, 심신아 님께 두 손 모아 감사를 드립니다.

차례

축하의 글
기쁨과 희망으로 가득 찬 세상 • 정신철 주교 • 5
따뜻한 미소, 오랜 동행 • 황상근 신부 • 8
달릴 길을 다 달렸으며 믿음을 지켰습니다 • 함세웅 신부 • 10

감사의 글
아름다운 인연 • 김일회 신부 • 13

1 요골공소 꼬마, 사제가 되다
신앙의 뿌리, 요골공소 • 23
늘 기도하던 어머니 • 26
소신학교 입학과 전쟁의 아픔 • 29
폐결핵을 이긴 서른세 살 신학생 • 34
신학교 동기가 된 조카 영국 • 43
하느님은 사랑입니다, 새 사제 김병상 • 47

2 예수의 삶을 따라 세상속으로

동료이자 스승인 메리놀외방전교회 사제들 • 55
지학순 주교 구속사건과 새로운 도전 • 61
인천교구정의평화위원회의 선구적 활동 • 68
유신헌법철폐기도회사건과 구속 • 70
똥을 먹고 살 수 없다, 동일방직 대책위원장 • 77
정의구현사제단과 구국사제단 • 86
구국사제단을 잠재우다, 대건회 사건 • 88
아! 천주교가 있구나, 광주항쟁과 교회 • 92
교회의 빛과 세상의 소금, 인천주보 • 95
양말을 풀어 짠 십자가, 교황님께 드리다 • 100
민주화성지 답동성당의 목자 • 103
엄호할 테니 밀고 나가자, 6월항쟁과 교회 • 107
주한교황청 대사 달걀 세례와 주안1동성당 • 113
보안사 불법사찰을 당하다 • 119
더욱 젊어지기를, 회갑축하미사 • 121
남북 화해와 평화를 향한 염원 • 126

3 인천의 버팀목으로

새로운 시민운동, 목요회 • 133
굴업도 핵폐기장을 막아내다 • 138
인간은 평등하다, 실업극복운동 • 142
가난한 이들을 위한 우선적 선택 • 149
몬시뇰로 서임되다 • 151

4 반걸음 앞서 걷다

교회 대전환기에 사제가 되다 • 157
인천교구와 본당의 자립을 실현하다 • 162
문턱 없는 열린 교회 • 166
새롭게 여는 문화사목 지평 • 169
인천가톨릭사회복지회 활성화 • 172
성당 사회복지회를 만들다 • 175
영원한 젊은이의 벗 • 178
신학생들의 요람, 주안1동성당 • 182
교구 조직을 혁신하다 • 185
평신도여 사도가 되자 • 188
인천교구 25년사 편찬 • 190
이승훈 묘역을 성역화하다 • 192
배움에는 끝이 없다, 효도대학 • 195
가족신앙공동체를 응원하다 • 199
구역반공동체에 매진하다 • 201
새로운 양, 잃은 양 찾기 • 204
전국으로 퍼진 전교의 새로운 모범 • 210
중국과 북한에 기쁜 소식을 • 214
세상에서 가장 귀한 밥 한 그릇 • 218
김병상 몬시뇰의 사목 비전 • 225

5 다시 떠나는 순례
새로운 시작 • 231
다시 순례의 길에서 • 233
역사 바로 세우기, 민족문제연구소 이사장 • 241
친일인명사전 발간과 가톨릭교회 • 245
기록하고 성찰하다, 기쁨과희망사목연구원 • 256
정의가 강물처럼, 지학순정의평화기금 이사장 • 259
답동성당에 세워진 민주화운동 표석 • 262
후배 사제에게 보내는 충언 • 264

6 따뜻한 동행
그리스도와의 온전한 동행 • 269
민주화의 거목 김병상 • 270
인천교구의 증거자 김병상 • 273

부록_ 강론
신자들을 사랑하는 사제, 신자들로부터 사랑을 받는 사제 • 279
영원히 기억되고 따라야 할 사제 • 284
미군 장갑차 여중생 살인사건 해결과 불평등한 SOFA 개정을 촉구한다 • 290
보통 사람들의 양심과 용기 • 294
화합과 소통을 위한 봉헌 그리고 부활 • 302

참고자료 • 314
김병상 필립보 몬시뇰 연보 • 316
김병상 필립보 몬시뇰 주요 저작 • 318

1

요골공소 꼬마, 사제가 되다

신앙의 뿌리, 요골공소

김병상필립보 몬시뇰은 1932년 4월 30일음력 3월 24일 충남 공주군 유구면 명곡리 192번지일명 요골마을에서 태어났다. 김병상 몬시뇰의 아버지는 석진錫振, 원선시오, 어머니는 원재순元濟順, 막달레나이며 4남 1녀 중 막내로 자랐다.

어린 김병상이 자란 요골마을은 옥처럼 맑고 깨끗한 데다 고요하기 이를 데 없다하여 요옥골窈玉谷이라 불렸으며, 사방이 산으로 둘러싸인 바람 한 점 없는 마을이었다.

요골은 1866년에 발생한 병인박해丙寅迫害 이후 박해를 피해 각지에서 모여든 천주교 신자들의 교우촌이며, 요골공소는 1883년 프랑스 선교사 두세Doucet 신부가 충청도 지역을 순회하면서 공소*로 설정한 곳이었다. _「성지, 대전교구 요골공소」 가톨릭굿뉴스.

병인박해 이후 유구읍 명곡리 근처에는 요골, 서재, 사기점골 등 교우촌이 형성되었다고 기록에 남아 있으며, 이곳으로 모여든

---

* 공소(公所)는 본당(本堂)의 성당보다 작은 규모의 예배소가 있는 곳으로, 본당에 소속은 되어 있으나 사제가 상주하지 않는 작은 교회이다.

아버지 회갑잔치 때의 부모님.

이들은 대부분 순교자 집안의 후손이었다. _「디지털 공주문화대전」, 차기진, 2008. 요골 주민의 70~80%가 외지에서 박해를 피해 온 신자들로 꼬마 병상도 어릴 적 부모님의 손을 잡고 요골공소에 다녔다.

김병상 몬시뇰의 집안 역시 요골에서 5대째 신앙을 이어 왔다. 김병상 몬시뇰의 조부인 김덕기막시모는 1913년부터 1923년까지 요골공소의 회장을 지냈으며 문중에는 윤상베네딕도·선종, 병상필립보, 영관도미니꼬, 성심수녀회 현 한국관구장인 김영애마르가리타 수녀가 있다. _「요골공소(1883-2003)」, 구자운 신부, 2003.

나는 박해시절 때 깊은 산골 교우촌에서 태어났어요. 요골공소는 박해시대 때 비밀 루트이고, 그런 과정에서 신앙촌이 형성되면서 한 50호의 신자들이 열심히 신앙생활을 하는 시골 공소입니다.

우리 어머니가 참으로 열심이셨던 천주교 신자이고, 배운 건 없지만 한글은 잘 읽으셔서, 우리들에게 성인 얘기를 들려주고 성경 말씀을 읽어주고, 그렇게 하면서 어머니 믿음의 영향을 받았어요. _「1970년대 민주화운동-김병상 신부 구술」, 민주화운동기념사업회(면담자 홍계신), 2011.(이하 「1970년대 민주화운동-김병상 신부 구술」로 표기).

공소 설정 120주년을 맞은 김병상 신부의 고향인 요골공소(2003년).

늘 기도하던 어머니

꼬마 병상에게 어머니는 '세상에서 가장 아름다운 단어'였으며 자신을 살아가게 한 신앙의 원천이었다. 아버지는 농사일을 천직으로 여기며 일에만 매달렸다. 어머니는 어린 병상을 서당에도 보내고 늦게나마 초등학교를 보내어 배움의 길을 열어 주었다. 막내아들 병상은 신앙의 꽃을 피우길 바라는 어머니의 간절한 소망을 위해 사제가 되어 효도하겠다는 결심을 하였다.

> 어머니는 '너는 꼭 신부가 돼야 한다'고 항상 말씀을 하셨어요. 신부님이 공소에 오시면 '애는 신부가 될 아이'라면서 기도해 달라고 하셨어요. 초등학교 6학년을 마치고 서울 용산에 있는 지금 성심여고, 거기가 소신학교*에요. 어머니가 소신학교에 보내서 신학 공부를 하게 해주셨죠. _「1970년대 민주화운동-김병상 신부 구술」

---

* 소신학교는 사제를 양성하기 위한 중·고등학교 과정의 신학교이다.

김병상 몬시뇰에게는 어머니에 대한 잊혀지지 않은 어린 시절의 기억이 있다. 초등학교 2학년 때의 일이었다. 형들은 인천으로 올라가 살았고 오래되고 낡은 시골집에는 아버지와 어머니 그리고 병상이 함께 살았다. 장맛비가 심하게 내리던 깊은 여름밤이었다. 어머니가 갑자기 자고 있는 병상을 깨웠다.

어머니가 나를 깨우더니 '집이 쓰러지려고 한다'고 했어요. 그래서 '어떻게 아냐'고 했더니, 벽 사방에 흙 바른 게 다 떨어진다면서 이제 곧 쓰러진다고. 그래서 부랴부랴 밤 12시인지 1시인지 일어나서 집 바깥으로 나오는데, 아무것도 가지고 나올 시간이 없었어요. 근데 어머니가 처녀 때 원 주교님한테 성경책을 상으로

아버지 회갑에 모인 가족들(뒷줄 가운데 키 큰 이가 김병상)

받았는데 그거하고 십자고상만 광주리에다 들고서 막 대문 밖을 나오니까 집이 폭삭 쓰러졌어. 그래서 살았어요. _「1970년대 민주화운동-김병상 신부 구술」

어린 시절 병상에게 이 경험은 놀라운 신앙체험이었으며 큰 충격이었다. 돌아보니 어머니의 판단과 도움이 없었다면 무너진 집에 깔려 어떤 봉변을 당했을지 모를 일이었다. 그러나 밖으로 나와 아무 일 없이 사고를 면할 수 있었고, 어머니가 열심히 살아서 하느님이 주신 은총이라고 생각하였다. 병상은 어머니의 깊은 신앙 덕분에 자신이 살아남을 수 있었다고 믿게 되었다.

소신학교 입학과 전쟁의 아픔

1948년 3월, 초등학교를 졸업한 병상은 정든 고향을 떠나 사제의 길을 걷기 위해 서울 원효로에 있는 용산 소신학교에 입학하였다. 그러나 해방 후 남북분단이라는 혼란의 시기와 한국전쟁을 만나게 된다. 전쟁의 그늘은 한 신학생의 꿈을 유보시켰으며, 소년 병상은 어린 나이에 전란을 겪어야만 했다.

1950년 6월 28일, 전쟁 발발 3일째 신학교는 문을 닫았고 신학생들에게 감당하기 힘든 시련이 기다리고 있었다. 이재현 교장신부님이 이제 남으로 피난을 가야 한다면서 신학교에서 마지막 파견강론을 하였다. _ 김병상 몬시뇰 일기, 2008.06.22.

신학생 모두는 숙연한 마음으로 정든 교정을 나와 각자 갈 길을 찾아 한강을 넘어 남쪽으로 발길을 돌렸다. 모두 전쟁에 대한 공포에 질린 채 피난길을 떠났다.

한 3일 지나니까 한강다리가 끊어지면서 교장신부님이 새벽 3시경에 신학생들을 모두 깨웠어. 사정이 급박해진거지. 피난을 가야 된다면서 쌀 한 됫박하고 소금 한 주먹을 주면서, 쌀을 꼭꼭 오래 씹어 먹으면 죽지는 않는다며, 재주껏 남쪽으로 가라고 했어. 새벽 4시에 용산신학교를 나왔는데 사람들이 많아서 오후 3시쯤에야 한강을 건너게 되었지. 같이 간 신학생들은 모두 뿔뿔이 흩어졌고 걷고 또 걸어서 공세리까지 피난을 갔지. 거기에서 한 3개월, 피난생활을 했어. _ '분개하는 나를 내가 못 견뎌'(원로사제 김병상 몬시뇰과의 만남), 「기쁨과 희망」 06호, 기쁨과희망사목연구원, 2010.(이하 「기쁨과 희망」 06호로 표기)

신학생 김병상은 9 · 28 서울수복이 되자 인천 큰형 집으로 돌

어린 병상에게 신앙의 힘을 준 큰형과 함께. 사진 속 어린아이는 조카 김영국이며, 이후 대신학교 철학과에서 김병상 신부와 함께 공부했다.

아왔다. 그리고 얼마 되지 않아 학도병이 되어 대구로 내려갔다. 수많은 미군들로 북적이는 성탄 무렵의 대구 분위기는 이국적이고 평화롭게 느껴지기까지 했다.

> 그때가 성탄 때였는데 아주 평화로웠어. 미군들이 깔렸더라고. 학도병들을 인솔해서 대구의 옷감 짜는 직조공장에 풀어 놓고 거기서 자라고 하더라고. 자고 일어나니까 밥 두 덩어리를 주면서 아침점심으로 먹으라고 하는데, 배고픈데 어떻게 참아? 아침 한 끼로 다 먹었지. 밥 먹고 나니까 흩어져서 재주껏 아는 곳으로 가라고 하는 거야. 나야 아는 사람도, 아는 곳도 없어서 신학생이라는 신분으로 성당을 찾고 다시 주교관까지 찾아가게 됐어. _「기쁨과 희망」06호.

대구에 있는 주교관으로 피난 온 신학생들이 모여 들었다. 대학생 과정인 대신학생, 중·고등학교 과정인 소신학생을 합쳐서 50여 명이나 되는 신학생들이 주교님이 마련해 준 숙소에서 함께 생활했다. 하지만 그도 잠시였다. 전선이 수원까지 밀려 내려오자 다시 신학생들은 피난길에 올랐다. 미군이 마련해준 트럭을 타고 부산으로 가서는 다시 수송선을 타고 제주도까지 갔다. 태풍을 만나 3일 동안 배에서 내릴 수 없었다.

> 저녁에 모슬포항에 도착했는데, 바닷물이 빠져 입항하기가 힘들었어. 몇 명은 배에서 내리고 일부는 바다에서 밤을 지내고 이틀

날 아침에 전부 배에서 내렸어. 지금은 서귀포 복자수도원인데 그때는 서귀포성당 공소였지. 거기에서 신학생들이 피난생활을 할 수 있도록 여러 가지 준비를 다 해 주었어.

제주도에서 다시 육지로 나와서는 밀양으로 갔어. 신학생 중에서 소신학생들은 밀양으로 갔고, 대신학생들은 부산 영도로 갔지. 신학생들 교육을 위해서 밀양에 임시 교사를 빌렸거든. 그 가건물이 미사를 드리면 성당이 되고, 강의를 하면 강의실이 되고, 또 잠을 자면 침실이 되고, 밥을 먹으면 식당이 되었지. 성당이 네 가지 역할을 했던 거야. _「기쁨과 희망」06호.

당시 김병상 신부와 함께 밀양에서 피난생활을 했던 김병일 신부는 상황을 이렇게 기록하고 있다.

조그만한 벽돌집 성당이 밀양소신학교였다. 그곳이 우리들의 유일한 기도소였다. 상급생들이 여름에 땀 흘려 지었다는 토담집 온돌방이 신입생들의 방이었다. 지붕이 천막 한 겹이라 심한 바람에 천장이 뒤흔들렸다. 겨울철에는 많은 학생들이 몸을 녹이려 들어오는 공동 방이기도 했기 때문에 얼마 안 가 방바닥이 엉망이 되어 버렸다.

여름이면 우리는 남천강으로 나가 양말이나 속옷을 빨아오기도 했다. 해진 양말은 전구에 끼워 잘도 꿰매 신었다. 스멀거리는 이들도 잘 잡아냈다. 날이 지남에 따라 우리반 사과 궤짝들이 늘어나기 시작했다. 궤짝은 공부시간에는 책상으로 사용되었고 식사 시간에는 식탁으로 사용되었다. 심지어 침실이 좁은 탓으로 궤짝 몇 개를 줄지어 이어놓고 침대로 사용하는 학생도 있었다. _ 김병일 신부, 『한걸음 또 한걸음』, 가톨릭출판사, 1993.

수없이 많은 사람들이 죽어가는 전쟁의 그늘에서 병상은 서울에서 공주로, 인천에서 수원으로, 대구와 제주도로 끊임없이 피난을 다녀야 했다. 그리고 다시 밀양의 임시로 만들어진 소신학교로 옮기게 되었다. 어린 중학생으로서 감당하기 어려운 긴 여정이었으며 말할 수 없이 고통스런 시간의 연속이었다.

폐결핵을 이긴 서른세 살 신학생

참혹한 전쟁을 겪으며 피난생활에 지친 탓이었을까? 전쟁이 막바지로 치닫던 1953년 7월, 병상은 밀양의 임시 소신학교에서 폐병을 앓게 되었다. 막막한 마음으로 쓸쓸히 신학교를 뒤로 하고 인천으로 올라왔다. 사제의 꿈을 안고 입학한 신학교에서 기뻤던 생활도 잠시, 병든 몸이 된 자신의 모습에 사제의 꿈이 사라질까 두렵기도 했다.

그 후 김병상은 10년이 넘는 긴 투병생활을 하면서 절망의 시간을 보내야만 했다. 전쟁 이후 가난에 시달렸던 1950년대에 폐병은 죽음을 선고받은 것과 같았다. 의료시설도 빈약하고 약도 제대로 없는 시절이었다. 갓 스물이 넘은 김병상은 낙심과 불안한 마음으로 수도국산에 있는 송림동 큰형 집으로 돌아왔다.

당시 큰형 집에는 형수와 어린 조카가 살고 있었다. 큰형은 이미 전쟁 중에 돌아가셨다. 누구보다도 아들이 사제가 되기를 원했던 어머니와 이른 나이에 시집 와 시동생을 업어 키웠던 형수는 폐결핵에 걸린 병상을 살리기 위해 사방팔방으로 뛰어 다녔다. 형수는 어디선가 개소주가 폐병에 좋다는 이야기를 듣고는 정성스럽게 약으로 다려 먹이기도 하였다.

큰조카 영국은 어렸을 적 자신의 어머니가 정성스럽게 다린 검은 색깔의 약사발을 들이키던 삼촌의 모습을 생생하게 기억하고 있다. "삼촌이 쓴 약을 먹고 나면 어머니가 기다렸다가 귤 한 조각을 입에 넣어 주었어요. 삼촌의 병을 고치려고 정성을 쏟았어요." '쓴 약과 감귤', 한동안 병상은 귤을 먹지 않았다고 한다. 그러나 그의 폐병은 좀처럼 나아지지 않았다.

그러던 중 김병상에게 은인이 나타났다. 형수의 큰언니인 방 세리나 수녀가 부산 메리놀병원을 연결해 주었다. 당시 샬트르 성 바오로 대구 수녀원에 있었던 방 세리나 수녀는 김병상을 메리놀병원에 있는 결핵요양소에 입원할 수 있게 도와 주었다. 그

신부가 되도록 간절히 기도해 주신 형 김용상과 형수 방덕례 그리고 형수의 언니인 방 세레나 수녀.

곳에서 2년여 만에 폐결핵을 치료할 수 있었다.

좌절에 빠져 있던 신학생 병상은 방 세리나 수녀의 기도와 보살핌으로 병마에서 벗어나 다시 건강을 되찾을 수 있었다. 포기해야 했던 사제의 꿈을 다시 갖게 되었다. 김병상 몬시뇰은 지금도 방 세리나 수녀를 '하느님이 보내준 천사'라고 믿고 있다. 그렇게 김병상은 폐결핵과의 지난한 싸움에서 승리했다.

밀양에서 고등학교 2학년 때까지 공부하다가 폐병을 얻어 가지고 휴학을 했는데, 휴학이 바로 퇴교가 된 거야. 그 당시엔 학교에서 아픈 애들은 쫓아냈어. 진찰도 잘 안 해 보고 폐병이 걸렸다니

투병 중에 형수, 조카 영국,
형수의 동생과 함께.

까 그냥 쫓아낸 거야. 폐병 요양생활을 그때부터 일반대학 다니는 동안 계속했어. 그래도 안 나았지. 약이 귀한 시절이었거든. 병이 낫는 데 약 11년이 걸렸어. 그리고 1963년에 서울에 있는 신학교를 다시 들어갔어. 처음에는 서울 신학교에서는 안 받아 준다는데, 그래서 내가 어떻게 했냐면 광주 신학교 가서 시험을 봤어. 시험을 봤는데 합격을 했어. 그래서 서울로, 합격증을 가지고 서울 신학교 학장한테 갔어. '나 서울서 공부하고 싶다.' 마침 서울 신학교 학생 정원이 부족했던 때였지. 학장님이 '그러면 너 주교한테 허락 맡아 오라.' 그래서 인천 가서 허락받아 가지고 서울대신학교를 다녔어. 그때가 1963년도야. _ 「1970년대 민주화운동-김병상 신부 구술」

김병상은 밀양 소신학교 과정을 중단한 지 11년 만에, 서른세 살의 늦깎이로 다시 신학교로 돌아갈 수 있었다. 소신학교 때 같이 입학했던 동기들은 이미 서품을 받고 사제생활을 하고 있었다. 그는 폐결핵으로 오랜 투병생활을 하면서도 학문에 대한 열정을 놓치지 않았고, 홍익대학교 국문학과에 진학하여 1961년 2월 졸업하였다.

다시 입학한 신학교 교정은 낯설었다. 열 살이 넘게 차이나는 어린 신학생들과 함께 공부하는 것도 쉽지 않았다. 젊은 신학생들은 김병상에게 '영감님'이라는 별명을 붙여 주었다. 재미있게도 김병상이 신학교로 되돌아갔을 때 큰형 아들인 조카 김영국도 신학생으로 입학하였다.

김병상의 소신학교 시절, 방학이 되면 함께 베개싸움을 하며 놀던 장난꾸러기 삼촌과 조카가 이제 신학교 동기가 되어 한 교실에서 마주하게 되었다.

어휴, 말도 못하지… 재밌는 건, 내가 신학교 그만 두고 집에 오니까 내 조카가 유치원을 다니고 있었거든. 그런데 그 조카를 대신학교, 같은 학과, 같은 반에서 만난 거야. 그때 내 나이가 서른세 살이었지. 유치원 다니던 조카애랑 대신학교 철학과에서 만난 거지. 하하. _「1970년대 민주화운동-김병상 신부 구술」

결핵으로 대신학교를 못 다니는 동안 홍익대학교 국문학과에 들어가 1961년 2월 졸업했다.

만학도로 신학교에 들어가 라틴어를 배우고 철학을 공부하는 일은 쉽지 않았다. 공부를 아무리 해도 성적은 제자리였다. 뿐만 아니라 어린 동기 신학생들과의 관계도 어려움이 있었다.

> 이쪽 거를 외워서 다른 거를 공부하면, 이쪽 외운 게 없어져 버리는 거야. 정말 힘들더라고. 또 힘든 건, 내가 신부되려고 무척 애써서 다시 신학교에 들어왔잖아. 내가 그때 서른세 살이고 걔들은 이제 막 스무 살 그렇잖아. 그리고 내가 그때도 키가 크고 덩치도 아주 좋았어. 다른 애들은 스무 살 남짓 귀여운 학생인 거야. 어울리려고 해도 걔들이 어울려주지 않더라고. 반에서 이렇게 소외시키니까 굉장히 외로웠지. 그래서 한두 달 고민 많이 했어. '내가 공부를 해서 신부가 될 수 있을까, 나를 배척하는데 쟤들하고 어떻게 살 수 있을까' 하고 말이야. _「1970년대 민주화운동-김병상 신부 구술」

얼마나 많은 고생을 하면서 여기까지 왔는데 이대로 좌절할 수는 없었다. '영감' 신학생 김병상은 간절한 마음으로 기도했다.

> 그러던 중에 어떤 대답이 떠올랐어. '너는 신부 된다고 무척 애를 쓴 거 같은 데 지금 너를 보니 무척 위선자다' 하는 생각이 떠오르는 거야. 신부가 되어서 코흘리개부터 할머니, 할아버지까지, 무식한 사람부터 많이 배운 사람까지, 아무것도 없는 사람부터 있는 사람까지, 불행한 사람에서 굉장히 행복하다고 스스로 생각하

는 사람들까지, 다양한 계층 사람들하고 살겠다고 신부가 된다고 했는데… 얘들은 고등학교까지 나왔는데, 네가 생각하는 사목 대상자에 비하면 이 사람들은 얼마나 세련된 사람들이냐, 그런데 이런 사람들하고 어울릴 수 없을 정도라면, 너는 지금까지의 생활이 얼마나 위선적이었느냐, 그런 대답이 나오더라고. _「1970년대 민주화운동-김병상 신부 구술」

김병상은 기도하며 마음을 다잡았다. 먼저 어린 동기들에게 다가가 마음을 열고 그들의 마음을 얻으려 노력했다. 또한 총학생회장을 하면서 적극적으로 신학교 생활에 임했다. 그리고 주변 사람들로부터 자전거 30여 대를 기증받아 자전거 서클을 만들어

대신학교 총학생회장 시절. 신학생들의 여가활동에 큰 도움이 되고자 전국의 선배 사제들에게 도움을 받아 자전거서클을 만들어 활동했다.

바람처럼 전국을 누비며 다녔다.

총학생회장이란 직책은 그를 더 성숙하게 하였다. 조심스럽고 소극적인 사람이었던 그는 조금씩 적극적인 모습으로 변해 갔다.

총학생회장이란 사람이 이를테면 신부될 사람들을 어떤 형태로든지 간에 감독하고 지휘하는 거 아냐? 지금은 전국에 신학교가 몇 개 있지만 그 당시는 전국에 신학교가 하나였지. 전국에서 온 다양한 사람들을 학생회장으로서 어떻게 대해야 하는지, 고민하고 부딪혀 보니 그때부터 자신감이 생기고 지도력이 생겼지. 이 얘기 처음 하는 건데, 총학생회장 한 걸 잘했다고 생각하지. 그 경험을 통해 나에게도 이런 잠재능력이 숨어 있었구나 했고. 그 다

1967년 총학생회 간부들과 함께 교정에서

음부터는 신학교 생활을 더 의미있게 보냈어.

그래서 내가 지금도 젊은 사람들하고 아주 지금도 쉽게 어울려요. 대학생들, 노동자들, 뭐 누구하고도 나는 다 얘기할 수 있는 그런 마음이 되어 있기 때문에, 사람들이 그렇게 나에게 거리를 안 둬. 그때 외로운 상태에서 그것을 장점으로 바꾸었어. _「1970년대 민주화운동-김병상 신부 구술」

신학교 동기가 된 조카 영국

김병상 신부는 어린 시절 많은 형제와 조카, 부모님과 대가족을 이루고 살았다. 그러나 큰형과 형수가 어린 조카를 남기고 일찍 돌아가시고, 1961년에 어머니가 돌아가셨으며, 아버지 역시 김병상 신부가 서품을 받은 후 1971년에 세상을 떠났다.

집안의 어른이 부재한 상황에서 많은 조카들은 삼촌인 김병상 신부를 아버지로 여기며 때론 친근한 형으로 대하였다. 특히 큰형 아들인 조카 영국은 김병상 신부와 신학교를 같이 다녀 관계가 각별했으며 깊은 사랑을 가지고 살아왔다. 그가 본 김병상 신부는 인간적이고 따뜻한 사람이다.

> 제가 1971년에 취직을 해서 처음으로 첫 월급을 받았어요. 기쁜 마음으로 삼촌에게 당시에는 귀했던 TV를 사 드렸죠. 제게는 상당히 큰 선물이었어요. 그리고 한참 지나고 나서 사제관으로 찾아뵈었더니 TV가 없는 거예요. 그래서 신부님에게 'TV가 어디 갔어요?' 라고 물었더니 대수롭지 않게 '누구 주었다'라고 하는 거예

요. 자신에게 필요한 물건이라도 남을 더 먼저 생각하고 베푸는 마음이 크신 분이었어요. _ 김영국, 2018.10.11. 면담자 한상욱

비슷한 일들은 이후에도 벌어졌다. 미국으로 이민 간 조카 영국은 김병상 신부의 회갑축하미사가 봉헌된다는 소식을 전해 들었다. 조카 영국은 회갑을 맞은 삼촌에게 감사하는 마음으로 적지 않은 돈을 송금하였다. 당신을 위해 편하게 쓰시라는 마음이었다. 그런데 그해 연말, 나길모 주교가 감사 편지를 보내 왔다.

대신학교 철학과 1학년 야유회에서 같은 반이었던 조카 영국과 함께.

'인천교구를 위해 귀하가 많은 돈을 기부해 주셔서 감사하다'는 편지였다. 김병상 신부는 조카 영국이 보낸 돈을 교구에 보냈던 것이다. 자신의 편안함을 생각하기보다 언제나 교회를 가장 먼저 생각하는 그런 사람이었다.

대신학교 삭발례와 부제 서품 기념(1968년 12월 18일).
김병상 부제는 맨 뒷줄 가운데 십자가 아래.

하느님은 사랑입니다, 새 사제 김병상

김병상 신부는 1969년 12월 13일, 서른여덟의 나이에 서품을 받았다. 소신학교 때부터 시작해서 약 21년 만에 받은 사제 서품이었다. 송림동성당 출신인 김병상 신부의 서품식은 답동성당에서 거행되었으며, 부평4동성당 출신의 황상근베드로 신부와 함께 사제로 서품되었다. 인천교구에서 7번째 한국 사제가 탄생하는 날이었다.

서품식은 예전의 라틴어로 진행된 서품식과 달리 처음으로 우리말로 된 예식서에 따라 거행되었다. _「송림동천주교회 40년사」, 송림동 천주교회, 1995. 그리스도인 공동체 마돈나하우스의 영적 지도자 캐서린 도허티Catherine Doherty는 '사제는 하느님과 사랑에 빠진 자'라고 하였다. 김병상에게 사제가 된다는 것은 하느님께 드리는 최고의 사랑이자 선물이었다. 김병상 신부는 박해를 피해 교우촌을 만드신 선조들과, 그곳에서 자신을 낳고 길러주신 부모님이 생각났다.

가난하고 힘들었던 어린 시절, 부모님의 손을 잡고 다니던 요골공소 어린 꼬마의 꿈은 마침내 현실이 되어 눈앞에 펼쳐졌다.

김병상 신부는 서품식을 앞두고 지나온 날을 되짚어 보았다. 자신이 성장한 세대는 일제 강점으로부터 해방이 되자마자 동족끼리 서로 죽고 죽이는 참혹한 전쟁을 겪어야 했으며, 그 뒤에도 대결과 증오로 살아가야만 하는 혼돈의 시대였다. 누구에게나 한국 현대사는 깊은 상처였으며 아픈 기억이 몸에 새겨진 불안한 시간이었다.

개인적으로도 병마와 싸웠던 일은 삶과 죽음의 경계를 오가는 좌절과 시련의 시간이었다. 그러나 김병상 신부는 삶의 고비 고비마다 더 단단해졌고 간절히 원했던 사제의 삶을 현실로 이루게

답동성당에서 나길모 주교 집전으로 서른여덟 살에 인천교구의 7번째 사제로 서품받았다(1969년 12월 13일).

되었다. 온 몸으로 겪은 시대의 아픔과 자신의 고통을 승화시키는 시간이었다.

사제 되는 날, 김병상 신부는 하느님 앞에 자신을 오롯이 바칠 수 있어 가슴이 벅차올랐다. 서품식 날 제대 앞에 엎드린 그는 무슨 생각을 하였을까?

우선 여기까지 잘 견디고 온 나를 신뢰하고 하느님께 감사했어. 그리고 한편으로는 내가 이렇게까지 어려운 과정을 거쳐서 소명

답동성당에서 황상근 신부와 함께 서품 받은 김병상 신부. 두 신부는 평생 정의평화운동에 함께 한 동지였다.

을 받았는데, 거기에 상응하는 일을 할 수 있을까 하면서 기도를 했고, 하하. _「기쁨과 희망」 06호.

김병상 신부는 서품 성구를 "하느님은 사랑이십니다."1요한 4,16 로 정하였다. 전쟁과 분단, 증오와 폭력, 가난과 분열이 지배하는 시대 상황에서 '하느님의 사랑'은 상처받은 사람들에게 치유와 희망을 보여 줄 수 있는 '근본정신'이라고 믿었다.

서품식 날, 김병상 신부는 '그리스도의 사제'가 되었다는 사실

1969년 서품 동기 사제들. 당시는 서울 신학교 하나뿐이어서 전국의 사제가 한 곳에서 배출되었다. 김병상 신부의 서품 동기들은 정의구현사제단의 창립과 활동에서 주도적 역할을 맡았다.

에 너무나 기뻤다. 하지만 세상에서 자신을 가장 사랑하며 사제가 되길 누구보다 간절히 기도했던 어머니는 그 자리에 없었다. 김병상 신부가 다섯 살 때 시집을 와서 어린 시동생을 업어 키우고 정성스레 모시적삼을 만들어주고, 폐결핵을 고쳐주기 위해 동분서주하던 형수도 오래 전 세상을 떠났다. 사랑하는 어머니와 형수가 계셨다면 장엄한 서품식을 보며 기쁨의 눈물을 흘렸을 것이다. 서품식이 있던 답동성당 한 구석의 빈자리는 더 커보였다.

서품식이 끝나고 김병상 신부는 지금까지 자신의 삶을 지켜준 아버지에게 첫 강복을 주었다. 사제가 되던 그날, 12월의 답동성당 언덕 위로 보이는 겨울하늘은 참으로 아름다웠다.

첫 미사 후 아버지와 함께. 아들 병상이 신부가 되기를 평생 기도하셨던 어머니는 1961년에 세상을 떠나셨다.

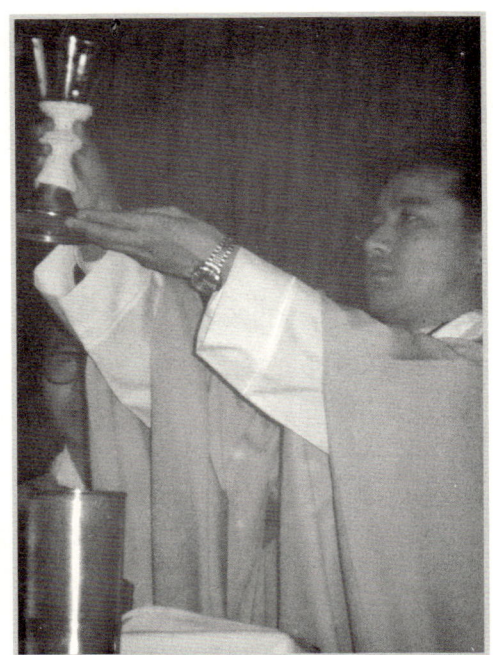

신부로서 첫 미사는 주님의 종이 되었다는 축복의 순간이다. 첫 장엄미사는 1969년 12월 14일 송림동성당에서 있었다.

첫 미사 뒤 참례자들에게 안수를 주는 김병상 신부.

2

예수의 삶을 따라 세상속으로

동료이자 스승인 메리놀외방전교회 사제들

김병상 신부는 서품을 받은 후 답동주교좌성당 보좌신부로 발령을 받았다. 1년 6개월 간의 보좌신부 소임을 마친 후 교구청으로 발령을 받아 1971년 8월부터 2년 동안 교구 상서국장*으로 교구행정의 기틀을 잡는 데 중요한 역할을 하였다. 서품된 지 얼마 안 된 사제가 교구의 중요한 행정 직무를 맡게 된 것은 그만큼 김병상 신부의 사목 능력이 교회 내에서 인정받은 것이었다.

> '항상 주님께서 여러분과 함께' 그리고는 성경 말씀과 강론에만 애썼지. 그 이상도 그 이하도 아니었어. 그것이 제일 완벽한 사제 역할이라고 생각했어. 그리고 신부 되고 몇 년 사이에 교회에 대해 약간 회의를 했어. 한국교회도 결국 세상의 강자들처럼 약자들을 억압하고 약자들의 눈물을 닦아주는 데 인색하구나 하고 생각하고 있었지. _「기쁨과 희망」 06호.

* 상서국장(尙書局長)은 교구장을 보좌하는 비서와 교구 공문서를 책임지는 지금의 사무처장 역할이다.

김병상 신부에게 '사제로 어떠한 삶을 살아야 하는가? 라는 물음에 영향을 미친 것은 인천교구의 메리놀외방전교회 신부들과 '지학순 주교 구속사건'이었다. 인천교구 초기 메리놀 선교사들의 사목활동은 김병상에게 많은 것을 일깨워 주었다.

> 그때, 인천교구에는 미국 메리놀외방전교회 신부들이 들어와 있었는데, 그 사람들은 항상 지역주민들의 아픔에 동참하는 사제의 모습을 보여 주었어. 자기들 영위나 안위는 별로 생각하지 않았지. 그 신부들은 본명축일 같은 거 안 챙기고 가방 하나 들고 덜렁덜렁 다녔지. 약자들을 찾아다니면서 여러 면에서 병도 치료해주고 돌봐주고 했어. 그 사람들의 사목하는 모습이 내게 영향을 주었지. _「1970년대 민주화운동-김병상 신부 구술」

1960~70년대 초기 인천교구에는 메리놀외방전교회 신부가 다수였다. 김병상 신부는 메리놀외방전교회 신부들 가운데서도 진 시노트 신부,* 최 분도 신부,** 전 미카엘 신부*** 등 사회정의를 위해 적극적으로 나섰던 분들을 기억하고 있다. 이들은 유신독재에 저항하며 가난한 이들의 인권을 옹호하고 천주교정의구현전

---

* 진 시노트 신부(James Sinnott, 1929~2016) : 영종성당 주임, 인천교구 총대리신부를 역임하였다.
** 최 분도 신부(Benedict Zweber, 1932~2001) : 연평도·덕적도성당 주임신부, 성 원선시오 아 바오로 전국 지도신부를 역임하였다.
*** 전 미카엘 신부(Michel Bransfield, 1929~1989) : 강화성당, 전국 JOC 지도신부, 연안성당 주임신부를 역임하였으며, 농촌의 성자로 불리면서 노동인권에도 커다란 기여를 하였다.

국사제단 이하 정의구현사제단 활동에 적극적으로 참여하였다.

> 인천지역 노동운동부터 시작해서 민주화운동에 그분들이 적극적으로 참여하면서 우리 젊은 사제들도 영향을 받게 된 거죠. 미국 메리놀 신부들이 많이 있었는데 그 중에도 우리에게 직간접으로 영향을 준 분들이 그 세 분이야.
> 특히 전 미카엘 신부님은 JOC* 운동, 노동자운동의 선구자 역할을 하고 지도신부를 했고. 최 분도 신부님은 서해지구, 덕적·연평·백령도 이런데 본당신부를 하면서, 군사독재에 대해서 굉장히 분개하고 맞섰어.
> 그러던 중에 우리 한국 신부들이 지학순 주교 사건을 계기로 해서 정의구현사제단 활동을 하니까, 기회가 있을 때마다 우리를 지원해 주고, 정신적으로 물질적으로 지원해 주고, 우리하고 같이 지방 기도회에 꼭 함께 다니고, 그러면서 우리를 이끌어줬어요.
> 그리고 인천교구 부주교인 진 시노트 신부님은 박정희 정권에게 추방당했어요. 그런 서양 선배 신부님들의 영향이, 또 그분들의 관심과 지원이 우리들한테 커다란 힘이 됐지. 힘이 됐어. _「1970년대 민주화운동-김병상 신부 구술」

1967년 강화 심도직물사건에서 전 미카엘 신부는 김수환 추기경과 함께 노동자에게 노동조합의 중요성을 일깨우고 노동운동

---

* JOC는 가톨릭노동청년회(Jeunesse Ouvrièr Catholique)의 약칭이다.

과 교회 노동사목을 개척하는 데 커다란 공헌을 하였다.

인천교구 부주교로 사목활동을 하였던 진 시노트 신부는 인혁당사건과 동아투위사건에 깊이 참여하였다. 이러한 이유로 진 신부는 1975년 4월 한국에서 추방당하였다.

최 분도 신부는 연평도, 덕적도 등 가난한 섬에서 사목활동을 하면서 섬 주민들을 위한 병원 설립과 병원선 운영, 간척사업 등 주민들의 사회복지는 물론 해외입양에 선구적 역할을 하였다. 1976년 5월 섬 주민 5천여 명이 자발적으로 참여하여 최 분도 신부의 공덕비를 서포리운동장 성당마을 앞에 세웠다.

최 분도 신부는 유신독재에 적극적으로 저항한 사제였다. 아이러니하게도 독재자 박정희로부터 가난한 섬마을 주민들의 발전을 위해 노력한 공로로 훈장을 받기도 하였다. 최 신부는 인혁당사건으로 옥사한 이재문의 가족을 성당 사택으로 데려와 돌봐주었다. 동일방직 노동운동을 지원하였으며, 김병상 신부가 구속되자 석방운동에도 적극적으로 참여하였다. 또한 당시 한국 인권 현실을 알리고 유신헌법을 반대하는 편지를 미국의 카터 대통령에게 보냈다.

정보기관은 이러한 이유로 최 분도 신부를 추방하려고 하였다. 결국 박정희는 유신체제를 비판하는 그에게 '추방 명령'을 내렸다. 그러나 메리놀외방전교회와 인천교구사제단은 추방 명령에 항의하였다. 이를 알게 된 김수환 추기경이 박정희를 직접 찾아가 강제출국 계획을 취소시켰다. _ 김옥경, 『가거라, 내가 너를 보낸다』, 최분도신부추모위원회, 2016.

김병상 신부는 최 분도 신부의 삶을 인천교구의 신자와 후배 사제들이 배워야 할 사제상으로 여기며 다음과 같이 일기에 남겨 두었다.

나는 '시대가 요구하는 사제상'이라는 주제로 강론을 하였다. 그는 1970~80년대 덕적·서해섬을 중심으로 배고프고 딱한 피난민 등을 위해 종교를 초월하여 병원선 순회 운영과 주민들을 위한 상수도 건설, 전기발전소·구호사업을 하였다. 특히 박정희 유신 정권과 전두환 정권 하에서 몸바쳐 민주화에 헌신했고, 구속자 구명운동 등 이 민족의 민주화를 위해, 주민의 삶의 질을 향상하고 가난과 병고를 덜어주기 위해 일신을 뒤로 하고 모두를 위해

메리놀외방전교회 최 분도 신부 10주기 추모미사(2011년 3월 26일, 부평3동성당). ⓒ가톨릭평화신문

정열과 사랑을 쏟았다.

참으로 섬 주민 모두에게 구세주였다. 자신을 찾는 곳이면 어디든 찾아가 주민들의 필요에 따라 희생과 봉사를 아끼지 않았다. 육지로 돌아와서는 송현동, 부평3동성당을 건축하고 부모 없는 한국 아동, 혼혈아 등 입양사업을 통해 300명 이상의 고아 등을 입양시켜 지금 미국에서 잘 성장하여 각 분야에서 활동하고 있다.

그리고 말년에 가서는 미국 선교사 본부에 가서 선교모금운동에 헌신했다. 그후에 한국에 다시 나오려고 했지만 선교사 본부가 이제 한국에도 방인사제가 넉넉하다고 반대하여 소련 사할린에 가서 선교활동을 하던 중 암으로 투병하다 세상을 떠나 메리놀본부의 공동묘지에 묻혀 영원히 잠드셨다. 주여, 영원한 안식을 비나이다.

사제는 어느 곳에 가든 특수층을 선택하는 사목이 아니라 지역 주민 모두를 껴안고 '사제'가 필요하면 누구든 어디든 찾아가야 한다. 언제라도 사랑으로 찾아가야 한다. _ 김병상 몬시뇰 일기, 2008.07.10.

진 시노트, 최 분도, 전 미카엘 신부 등 인천교구의 메리놀외방전교회 선배 사제들은 유신독재에 피하지 않고 정면으로 도전하며 시대의 양심을 일깨워 주었다. 김병상 신부는 이러한 사제들의 헌신과 행동을 보면서 교회의 사회적 역할이 무엇인지를 몸소 깨달았다.

지학순 주교 구속사건과 새로운 도전

박정희 유신독재는 민주주의를 질식시키고 노동자·농민들은 고통 속에서 희생양이 되었다. 유신독재는 무너지지 않는 철옹성처럼 보였다. 불의에 대한 저항보다는 다수의 침묵과 패배의식이 더 강했던 시절이었다. 유신독재를 비판하면 고문당하고 감옥에 갇히고 심지어 사형을 당했던 '죽음의 시대'였다. 그러나 죽음의 시대는 오래 갈 수 없었다. 가톨릭교회의 선각자들이 유신체제를 부수기 위해 스스로 '암흑 속의 햇불'이 되었기 때문이다.

가톨릭교회에서 유신체제에 정면으로 도전하고 행동으로 수많은 이들의 양심에 불을 지핀 이는 바로 지학순 주교였다. 박정희 정권은 1974년 7월 6일 '긴급조치 4호' 위반으로 원주교구 지학순 주교를 구속하였다. 해외출장에서 돌아오던 공항에서 곧바로 연행되어 병원에 감금된 지학순 주교는 이때 '양심선언'을 발표하였다.

소위 유신헌법이라는 것은 1972년 1월 17일에 민주헌정을 배신적으로 파괴하고 국민의 의도와는 아무런 관계없이 폭력과 공갈과 국민투표라는 사기극에 의하여 조작된 것이기 때문에 무효이고 진리에 반대되는 것이다. _ '유신정권과 지학순 주교', 「가톨릭평화신문」, 2004.02.08.

이보다 분명하게 유신정권을 비판하는 명징한 문장이 있을까? 지학순 주교의 행동으로 교회는 침묵에서 벗어났다. 그의 양심과 진리에 대한 믿음은 독재권력을 흔들었고 민주주의는 누군가의 희생을 필요로 한다는 것을 보여 주었다. '지학순주교 구속사건'은 가톨릭교회 내부에 성찰의 기회를 갖게 했다. 그러나 안타깝게도 한국천주교회를 대표하는 주교단은 유신독재에 대하여 공식적 입장을 밝히지 못하고 있었다. 동료 주교가 진리를 외치다 구속된 상황에서 '재판이 공정한 해결에 도달하기를 바란다'라는 애매한 태도를 취했다.

지학순 주교 석방과 유신헌법 철폐·민주주의 회복을 위해 사제를 중심으로 '정의로운 분노'의 행렬이 이어졌다. 지학순 주교 구속 이후 전국적으로 기도회가 열리면서 인천교구 답동주교좌성당에서도 1974년 8월 26일 지학순 주교 석방기도회가 열렸다. 인천교구사제단은 '지학순 주교의 양심선언을 적극 지지'하며 '긴급조치 즉각 해제'를 요구하였다.

1974년 9월 23일 전국의 약 300여 명의 사제가 원주교구에서 모여 천주교정의구현전국사제단이 시작되었다. 지학순 주교 구속사건은 교회의 길이 무엇이며 그리스도의 제자는 누구인가에 대한 근본적 질문을 던졌다.

김병상 신부와 서로를 의지하며 초기 정의구현사제단을 이끌어온 함세웅 신부는 한 언론과의 인터뷰에서 당시의 일화를 들려주었다.

> 지학순 주교가 구속된 이후 박정희 유신체제의 철권통치에 대해 신학적 고민을 거듭하던 제 또래의 서울, 원주, 인천지역 사제 30여 명이 7월 9일 명동성당으로 김수환 추기경을 찾아갔습니다. 지학순 주교 납치에 대한 저희의 고뇌와 울분을 전하고 교회의 행동에 대한 말씀을 드리고자 하였습니다. 추기경님은 저희 말씀

지학순 주교와 함께 담소를 나누는 김병상 신부. 지학순 주교의 구속과 정의구현사제단의 출범은 사제 김병상의 삶과 신앙을 바꾸어 놓았다.

예수의 삶을 따라 세상속으로

을 묵묵히 들으시는데, 가만히 보니 눈가에 눈물이 보였습니다. 이튿날 명동성당에서 주교님들이 미사를 올리기로 했는데, 박정희 대통령과 김수환 추기경의 회동이 이뤄져 추기경님은 청와대로 가시고, 윤공희 대주교님이 미사를 집전했습니다. 이렇게 해서 '시대를 고민하는 사제들의 미사'가 명동성당에서 시작되었던 것입니다. _「한겨레신문」, 2011.02.07.

지학순 주교 석방을 위한 시국기도회에서 인천교구의 김병상·황상근 신부, 원주교구 최기식 신부, 서울교구 함세웅·김택암·오태순 신부, 전주교구의 문정현 신부, 수원교구 장덕호 신부, 대전교구 이계창 신부, 부산교구 송기인 신부, 안동교구의 류

천주교정의구현전국사제단 창립 30주년 기념미사와 진 시노트 신부의 현장증언 「1975년 4월 9일」 출판기념회 주례 사제로서 미사를 봉헌하는 김병상 신부(2004년 10월 11일, 한국프레스센터).

강하·정호경 신부 등 각 교구의 사제들이 핵심적 역할을 하면서 지역별로 시국기도회가 이어졌고 규모는 점점 커져 갔다.

이로써 한국천주교회는 시대의 정의와 양심을 대변하며 고난 받는 이들과 함께 민주화의 여정에 동참하게 되었다.

지학순 주교님 사건을 보면서 순진한 마음에 흥분했지. 그때는 주교를 구속한다는 것을 참 받아들일 수 없었어. 나는 젊지도 않았지만, 그때 서른일곱 여덟 살이니까. 흥분해서 막, 서울 명동성당으로 소집하니까 다 갔어. 주교님이 그런 일을 하면서, 우리 신부들이 많이 사회 문제의식을 가지게 되었고, 이 사회에 이런 문제가 있을 때 우리는 그 속으로 뛰어 들어가서 그 문제를 파헤치

정의구현사제단은 북한에 지원하는 비료와 못자리용 비닐 축성식을 가졌다(2005년 3월 10일, 인천항). ⓒ가톨릭평화신문

고, 그거를 바로잡고 이 사회의 등불이 되고 소금이 되는 것이 사제의 일이라는 것을 알게 된 거지. 전에는 본당 안에서 '주께서 여러분과 함께'하고 성경 말씀 풀이하고 그런 것이 제일인 줄 알았는데, 그게 아니라는 것을 깨달은 거야. _「1970년대 민주화운동-김병상 신부 구술」

김병상 신부는 지학순 주교 구속사건을 통해 교회와 사회는 분리된 것이 아니라는 것을 깨달았다. 그리고 어떻게 교회와 사회를 일치시켜 그리스도가 원하는 세상을 만들 수 있을지 답을 얻을 수 있었다. 김병상 신부에게 정의구현사제단 활동은 사목자로서 커다란 자긍심을 가질 수 있게 하였다.

정의구현사제단 결성은 당시 제가 가지고 있던 교회관을 넓히게 된 계기였습니다. 교회와 사회를 일치시켜 생각하게 되고 편협한 의식구조를 넓히게 된, 매주 중요한 계기가 되었다고 생각합니다. 사제가 된 것은 매우 늦었지만 아주 보람찬 시절이었습니다.
정의구현사제단 활동을 하면서, 이제 사목 대상을 신자 안에 국한하지 않고 우리 민족으로 폭을 넓혔어요. 그들이 이 세상에서 바른 길을 걸어갈 수 있도록 깨우쳐주고 그들을 받들어야 한다는 생각이 많이 커졌어요. 그래서 지금은 신자 하면 나는 항상 우리 민족을 함께 품어요. 적어도 예비신자라고 해야 할까?
내가 사제단 활동을 하지 않았다면 나는 아마 보수적인 신부, 옹

졸한 사고방식으로 나를 고립시켰을 거예요. 사제단 활동을 하면서 대사회적 시각이 넓어지고 역사관이 또렷해지고, 교회가 역사 앞에 저지른 과오에 대해서 확실하게 나름대로 철학이 생긴 거거든, 사제단 활동이 나를 올바로 키워주었다, 그런 생각을 해요. _ '흰 로만칼라가 때묻어도 좋아라' - 김병상 신부, 「황해문화」 통권 제55호, 2007.06.

안중근 의사 순국 107주기 추모식에서 젊은이들과 함께(2017년 3월 26일, 용산 효창공원 안중근 의사 묘역).

인천교구정의평화위원회의 선구적 활동

1976년 10월 30일 한국천주교정의평화위원회 인천교구위원회 이하 인천교구정평위가 만들어지면서 김병상 신부는 초대 위원장, 다시 1988년 1월부터 1991년 2월까지 인천교구정평위 위원장직을 수행하였다. 인천교구정평위는 교회의 사회적 가르침에 따라 지역사회의 노동·학생운동 등 민주화운동 지원과 인권문제에 관한 연대 활동에 힘을 쏟았다. 인천의 동일방직노동조합 투쟁에 연대하고, 노동자 인권회복을 위한 기도회, 구속 노동자 석방운동, 시국사건으로 구속된 인하대 학생들을 위한 모금 등 지원활동을 하였다.

인천교구정평위는 전국 교구에서 가장 먼저 시작되었고 가장 활발한 활동을 하였다. 김병상 신부는 인천교구정평위 위원장으로서 신자들의 사회적 관심을 촉진하고 의식 개발, 사목위원 피정 등을 통해 정의평화운동을 대중화하는 데 기여하였다.

이 사회를 그리스도의 복음 정신대로 이끌고 또 우리가 그 일을 담당해야 되겠다. 그래서 교황청에서 정의평화위원회라는 조직을 만들었어요. 제2차 바티칸공의회 정신에 따라서 만든 거지. 전 세계 교회에 공문을 보내서 '정의평화위원회 활동을 하라.' 그런 지침을 내렸지. 그 지침을 받은 각 교구 교구장들은 그거를 수렴해서 실천적으로 옮기는 주교가 계신가 하면은, 그 공문을 아주 묵살해 버리는 교구도 있었어요. 한국에서는 인천교구가 제일 앞장서서 그 공문을 구체화시키고 활동으로 전개했지. _「1970년대 민주화운동-김병상 신부 구술」

1989년 4월 4일 가톨릭회관에서 인천교구정평위 월례회의가 열렸다. 위원장 김병상 신부가 회의를 주재하고 있다.

유신헌법철폐기도회사건과 구속

김병상 신부는 1975년 12월 답동주교좌성당의 주임신부로 부임하면서 인천교구 부주교*직을 겸임하였다. 전임 부주교였던 진 시노트 신부가 유신정권에 의해 강제 추방 당한 후 김병상 신부는 부주교를 이어받았다. 지학순 주교 구속사건 후 정의구현사제단의 유신독재에 대한 저항의 불길은 점점 높아져 갔다. 김병상 신부는 인천교구의 부주교로 책임과 역할이 많아졌다.

1976년 3월 1일 오후 6시, 명동성당에서는 전국에서 올라온 20여 명의 정의구현사제단 신부들이 공동 집전하고, 2천여 명의 신·구 교회 관계 인사와 신자가 참석한 가운데 3·1절 기념미사가 열렸다. 함세웅, 문정현, 김승훈 신부 등 정의구현사제단 신부와 김대중, 문익환, 함석헌, 안병무 등 각계 지도층 인사들은 박정희 퇴진을 요구하는 '민주구국선언문'을 발표했다.

'3·1명동사건'으로 불리는 이 사건으로 가톨릭에서는 함세

---

* 부주교는 지금의 총대리신부로서 교구장을 보좌하는 주교나 신부를 일컫는다. 1962년 한국 천주교회에 정식 교구제도가 설정되면서 총대리로 명칭이 바뀌었다.

웅·문정현·신현봉 신부, 그리고 김대중, 문익환 목사, 서남동·안병무 개신교 신학자 등이 구속되었다. 유신독재가 3·1명동사건을 '정부전복 선동사건'이라고 규정함으로써 오히려 이 사건은 유신독재가 곧 허물어질 것임을 보여주는 상징적 사건으로 커졌다. 독재의 탄압이 강할수록 저항의 불길은 사회 곳곳에서 터져 나왔다. 정의구현사제단은 3·1명동사건 구속자 석방과 유신헌법 철폐를 요구하며 전국 순회기도회를 지속적으로 열어 나갔다. 인천에서도 유신헌법 철폐를 위한 기도회가 김병상 신부의 주도로 준비되고 있었다.

> 너무 재밌고 우연치 않게 시작된 거예요. 황상근 신부가 나랑 동창이거든요. 황상근 신부와 함께 논산으로 가던 중에 생각했어요. 그때 서울에서 함세웅 신부 사건이 계속 터지는데 인천은 가만히 있는 게 미안한 거야. 같은 동지적인 입장에서. 그래서 우리도 한번 하자! _「1970년대 민주화운동-김병상 신부 구술」

1977년 8월 28일 인천교구사제단과 정의구현사제단은 답동성당에서 '정의구현을 위한 대기도회'가 열렸다. 전국에서 사제 80여 명과 인천교구 신자 2천여 명이 참석하였다. 지학순 주교는 '교회의 사명과 쇄신'이란 주제로 강론을 하였다. "지금 우리 교회가 가난하고 고통 받는 이웃들을 돌보지 않으면 누가 돌보겠습니까?" 지학순 주교는 3·1명동사건으로 구속된 문정현·함세웅 신부 등 구속인사 석방을 촉구하였다.

미사 후 2부 순서에서 구속된 함세웅 신부의 상고이유서 '나는 왜 유신체제를 반대하는가?'가 낭독되었다. 김병상 신부는 가톨릭회관에 대형 확성기를 설치해 미사 진행 내용이 시민들에게 전해지도록 하였다. '유신헌법 철폐'라고 적힌 현수막을 성당 사제관 2층 벽과 가톨릭회관 벽에 내걸기도 하였다. 그러나 가톨릭회관 벽에 내건 현수막은 아무도 모르는 새 누군가에 의해 뜯겨져 사라졌고, 확성기 하나의 연결선도 잘려졌다.

또한 지학순 주교 강론과 함세웅 신부 상고이유서를 담은 유인물 500장을 밤새 답동성당 안에서 인쇄해서 참석자들에게 나누어주었다. 반장, 통장, 경찰 등 관계기관이 총동원되어 신자 가정의 유인물을 거두어들였다. 학교에서도 천주교 신자 명단을 만들

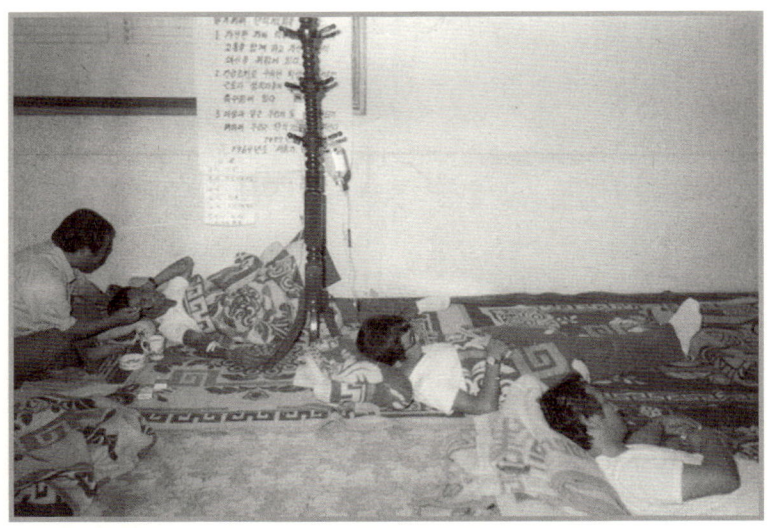

김병상 신부 석방을 요구하며 단식기도회를 하고 있는 동기 사제들(1977년 9월 12일).

고 학생들 가방 조사를 통해 유인물을 거두어들였다. 학교에서는 기도회에 참석한 학생들을 꾸짖고 기도회에 참석하지 못하도록 늦게 집으로 돌려보냈다.

답동성당 기도회를 준비한 김병상 신부는 긴급조치 9호 위반으로 구속되었다. '유신헌법철폐기도회사건'이었다.

> 8월 28일 날. 기도회를 정말 거창하게 했어요. 거창하게 했다는 게 뭔가 하니, 신자들도 많이 동원되고, 또 유인물도 많이 인쇄하고 그리고 '유신헌법 철폐하고, 언론자유 보장하라' 그런 거를 크게 써 가지고 본당 사무실 2층에다 걸어 놓고. 또 스피커를 가톨릭회관 벽에 걸어 놓고서, 그 스피커가 동인천까지 막 왕왕거려요. 그래서 이제 미사를 했지, 저녁에. 미사를 하니까 그냥 인천 기관들도 생각지도 못했던 거여. 그러니까 놀래 가지고 그냥 다 몰려오고, 아주 완벽하게 했어. 미사와 기도, 강론, 유인물도 돌리고. 그러니까 경찰들이 그냥 아주 기겁을 했지. 인천은 조용한 줄 알았지. 그래서 끝냈더니, 조용해. 아 그러더니 일주일인가 닷새 뒤 새벽에 4시에 형사가 왔어요. 와 가지고 '신부님 가십시다' 그래. '아! 이제 올 것이 왔구나' 그랬는데, 일단 신자들이 미사 시간이 6시니까 끝나고 가자. 그러고 있는데, 황상근 신부한테서 전화가 왔어. 도화동본당인데, '여기도 왔다'고. 미사 끝나고 나니까, 경찰서로 데리고 갔어. 경찰서로 데리고 가 가지고서 조사를 오후 3시까지 받았어. 기도회 준비 과정 같은 거. 그랬더니 4시 되니까 이런 종이를 하나 주더니 긴급조치 9호 위반으로 구속한대. 그

러더니 수갑을 채우더라고. 그래 가지고서 잡혀갔지. 잡혀가 가지고 교도소 가서 한 보름 있었지. 그리고 인제 신부들이, 동창 신부들이 와서, 인천 가톨릭회관에 와서 단식농성을 하고 그랬어. 그 사건이 컸어. 커졌어. _「1970년대 민주화운동-김병상 신부 구술」

인천교구사제단과 정의구현사제단은 1977년 9월 5일 답동성당에서 김병상 신부 석방을 위한 기도회를 개최하였다. 인천교구 사제단은 "인권을 유린하는 조치나 법은 철폐되어야 하며 구속된 양심의 수인들과 연행된 김병상 신부님을 즉시 석방해야 한다"는 내용의 성명서를 발표하였다. 김병상 신부와 1969년도에 서품을 함께 받은 동기 신부 15명은 전국 각 교구에서 올라와 인천에서 5일간 단식기도회를 하였다.

'답동성당 기도회사건'으로 갑작스럽게 주임신부가 구속되자 성당 신자들은 큰 충격에 빠졌다. 매일 미사에서 반갑게 만나던 사제가 하루아침에 사라졌다는 것을 받아들이기 어려웠다. 구속되고 며칠 후, 답동성당 신자들은 김병상 신부가 현장검증을 위해 성당에 온다는 소식을 듣고 달려갔다. 두 손에 포승이 묶은 채 김병상 신부가 경찰차에서 내렸다.

신자들은 김병상 신부의 모습을 보며 눈물을 흘렸다. 한 교우는 김병상 신부에게 드린다고 우유를 사 가지고 왔으나 손이 묶였으니 어떻게 할 수가 없었다. 옆에 있던 경찰이 우유갑을 받아들고 있고 신자들은 신부님을 부르며 울고, 김병상 신부도 눈물 어린 눈으로 신자들을 바라보고 있었다.

서로 말들도 못하고… 경찰은 신부님한테 빨리 차에 타라고 재촉하구, 그렇게 눈물로 신부님을 떠나보내며 차가 답동성당 언덕길 아래로 사라질 때까지 신자들은 울고 서 있었어요. 신부님 심정이 오죽했겠어요. 자기를 위해 달려와 우는 신자들을 두고 떠나시니… _ 김옥경, 『가거라, 내가 너를 보낸다』, 최분도신부추모위원회, 2016.

천주교정의평화위원회는 9월 7일 법무부 장관에게 김병상 신부의 구속 해제를 촉구하는 건의문을 보냈다. 9월 12일, 답동성당

동기 사제들의 단식기도회 목적을 알리는 대자보.

"1969년도 서품자 일동은 주께서 이 시점에 무엇을 요구하시는지를 알기 위하여 단식기도회를 갖는다.
1. 가난한 자와 억눌린 형제들과의 고통을 함께 하고 자신의 내적 쇄신을 위함에 있다.
2. 긴급조치로 구속된 학생, 교수, 언론인, 근로자, 성직자들의 조속한 석방을 촉구함에 있다.
3. 이상과 같은 우리의 뜻이 실현되기 위하여 우리는 단식기도 속에 지낸다.
1977년 9월 12일 1969년 서품자 일동"

에서 김병상 신부를 위한 특별미사가 나길모 주교 주례로 봉헌되었다. 김병상 신부 석방운동이 점차적으로 확대되어 가자 유신독재정권은 당황하였고, 곧바로 9월 17일 김병상 신부는 검찰의 불기소 처분으로 석방되었다.

> 제가 유신헌법 철폐운동으로 보름 동안 구속되는 사건이 있었는데 짧은 기간이었지만 많은 것을 배웠습니다. 군사정부가 얼마나 잔인하고 무능한지를 배우게 됐고, 스스로를 많이 돌아보는 '피정' 기간이 됐습니다. 많이 묵상할 수 있었던 시간이었습니다. 또 약자의 입장에서 생각하고 활동하면서, 사제라는 게 그들의 아픔이나 어려움을 해결해 줄 수 있는 힘도 없고 많이 무능하다는 것을 느꼈지요. _ '김병상 신부 인터뷰(대담 : 이철기)', 「오마이인천」, 2003.10.11.

후배 호인수 신부는 인천교구 기도회에서 김병상 신부 석방을 요구하는 성명서를 썼다는 이유로 부평경찰서 지하실로 끌려갔다. 김병상 신부 구속사건은 교회 안팎으로 커다란 충격을 주었다. 신앙의 양심을 따르는 것조차 독재권력 아래에서는 가능하지 않았다.

그러나 아무리 독재권력이 강하더라도 정의와 진실을 이길 수 없었다. 신자들은 평소 자신들을 돌보던 사제의 구속을 목격하면서 유신독재의 본질을 깨달았다. 인천지역 시민사회 또한 교회의 저항을 바라보면서 교회에 대해 새로운 관심과 지지를 보내게 되었다.

똥을 먹고 살 수 없다, 동일방직 대책위원장

　인천 만석동에 위치한 동일방직에는 1970년대 민주노조운동을 대표하는 노동조합이 있었다. 동일방직노동조합은 전근대적 자본과 유신독재를 유지하는 도구인 중앙정보부지금의 국가정보원, 어용노조에 맞서 싸워가며 1972년 처음으로 민주노조를 만들었다. 동일방직 사업장에는 가톨릭노동청년회와 도시산업선교회의 소모임 활동이 활발해 민주노조운동의 기반이 되었다. 그러나 자본과 권력의 비인간적인 탄압과 일상적으로 폭력이 벌어졌다. 동일방직 여성노동자들은 회사 측의 폭행과 경찰의 연행에 '알몸시위'로 저항하며 노동조합을 지켰다.

　1977년 4월 4일, 인천교구 화수동 가톨릭노동청년회JOC 출신인 이총각루시아이 동일방직노동조합 지부장에 당선되었다. 1978년 2월 정기총회를 앞두고 회사 측은 여성노동자들에게 '똥물세례'를 퍼붓고 무지막지한 폭력을 휘둘렀다. 여성노동자들은 자신들의 처지를 세상에 알리고 억울함을 호소하기 위해 명동성당으로 달려가 단식을 하였다. 김수환 추기경은 동일방직 노동자를 만났다.

1978년 3월, 외출했다 돌아왔는데 누군가 "여공들이 단식 농성을 하러 성당 안으로 들어왔다"고 일러줬다. 앳된 소녀나 다름없는 여공 30여 명이 흐느끼면서 절규했다. "추기경님, 우리를 살려 주세요. 회사 조종을 받는 남자 직공들이 우리를 구타하고 인분人糞까지 뿌렸습니다. 사복형사들은 그 광경을 낄낄거리면서 보고만 있었어요." 정말 기가 찰 노릇이었다. 여공들이 기업주 횡포를 견디다 못해 권익을 찾고자 노조를 결성했기로서니 어떻게 인분을 뿌려가면서 무차별 난타할 수 있을까. 기업주와 경찰의 폭력과 허위 조작에 쫓겨 울면서 성당에 온 여공들을 내친다면 사제

1978년 여성노동자들에게 똥물세례와 무자비한 폭력을 휘둘렀던 동일방직노조탄압사건에 대책위원장으로 발벗고 나섰던 김병상 신부. 동일방직 여성노동자들과 함께 활짝 웃고 있다.

나 레위 사람의 행동과 무엇이 다르겠는가. 그들과 고통을 나누는 것은 노동문제 개입이 아니라 사마리아인이 보여준 이웃사랑이다. _ '동일방직 노조탄압사건', 「가톨릭평화신문」, 2004.03.14.

동일방직 노조탄압사건을 해결하기 위해 김수환 추기경과 정의구현사제단 신부들이 적극적으로 나섰다. 교구청과 답동성당에서 몇 킬로미터도 안 되는 가까운 곳에 위치한 동일방직 노동조합은 이미 알몸시위와 똥물사건으로 1970년대 민주노조운동의 상징이 되어 있었다.

상상을 초월한 노동조합 탄압과 이들에게 가해진 야만스러운 폭력은 이미 언론과 세상의 주목을 받고 있었다. 명동성당에서 농성하던 노동자들은 김병상 신부가 있는 답동성당을 찾아왔다. 인천지역에서 자신들의 목소리를 들어줄 사람은 답동성당의 김병상 신부밖에 없었다고 생각했기 때문이다.

동일방직사건이 터지면서 사회문제화되고, 파장이 커져 교회가 관여를 하지 않을 수 없게 되었지. 처음에는 동일방직 여성노동자들이 서울 명동 김수환 추기경한테 몰려갔어요. 한 40명이 몰려갔는데 명동에서는 그 처녀들이 몰려오니까 곤란하잖아요. 그러니까 인천으로 보냈는데, 생각한 것이 내가 답동본당 신부인데, 답동본당으로 보냈어요. 사제관 2층에서 여자들이 처녀들이 한 40명이 묵으니까 사제관이 말이 아니잖아요. 그래 어쨌든 왔으니까 밥해 먹이고 재우고 다 그렇게 했죠. 나한테 그 문제를 푸는 대책위원장으로… 그러면서 중앙정보부의 그 아주 추악한 모습을 거기서 배웠지. 그래서 내가 더 나빠졌는지도 몰라. _「1970년대 민주화운동-김병상 신부 구술」

김병상 신부는 대책위원장으로 전국을 돌며 '동일방직 해고노동자를 위한 기도회'를 열었다. 1978년 3월 10일 인천교구 가톨릭

동일방직사건 긴급대책회의 참석 호소문(1978년 8월 31일, 민주화운동기념사업회 아카이브, 등록번호 00882049).

노동청년회는 '동일방직 노동자를 돕자'라는 호소문을 발표하고 연대에 나섰고 부평노동사목 팀의 나마진 신부와 이경심세실리아는 노동조합 방문과 지원활동을 활발하게 전개하였다. 인천교구 사제단은 주일 특별헌금과 주일헌금의 1/4을 동일방직 노동자를 위해 돕는 데 사용하였다.

3월 12일, 답동성당에서 신구교 연합기도회가 열렸다. 문동환 목사의 설교, 조화순 목사의 동일방직 경과 보고를 들으며 성당 안은 눈물바다가 되었다. 기도회가 끝나고 50여 명의 노동자들이 답동성당 사제관에서 농성을 시작하였다. 김병상 신부는 경찰의 수배를 받고 있던 조화순 목사에게 수녀복을 입혀서 경찰의 눈을 피해 성당 밖으로 나갈 수 있도록 하였다.

3월 20일에는 '교권 수호를 위한 명동성당 기도회'가 열렸고 김수환 추기경은 강론에서 유신독재의 동일방직 노조 탄압을 중지할 것을 경고하였다. 정의구현사제단과 김수환 추기경, 답동성당의 김병상 신부를 중심으로 동일방직 노동자를 위한 연대는 더욱 굳건해졌다.

3월 21일 동일방직사건 긴급대책위원회가 발족되었고, 대책위원장에 김병상 신부가 위촉되었다. 동일방직사건 긴급대책위원회는 윤보선, 함석헌, 천관우, 문익환 목사 등 당대의 종교인·지식인 등이 망라되어 꾸려졌다.

김병상 신부는 기관지에 '다시 전열을 가다듬자'라는 격문을 써서 가톨릭교회와 사회단체에 호소하였다.

> 동일방직 해고근로자는 우리의 자매들이다. 이들에 대한 천대는 우리 자신에 대한 모독이요, 신성한 인권에 대한 악마적 도전이다. 이들이 똥물을 뒤집어쓰고 쫓겨난 이후 그동안 오랫동안 기도하면서 결단해야 했다. …… 우리 한국천주교회는 천주님의 뜻에 합당하도록 연약한 노동자들을 보호해야 한다. 오늘의 위정자들에게 경멸감을 금할 수 없다. 연약한 여성노동자들이 무엇이 그렇게 무서운가? 무섭다면 그들은 권좌에서 물러나야 할 것이다. _ 동일방직 해고근로자 복직문제와 노동삼권 보장 결의문, 1978.(민주화운동기념사업회 아카이브, 등록번호 00442830).

동일방직은 4월 1일, 124명의 노동자를 해고하였고, 이총각 지부장은 구속되었다. 김병상 신부는 경찰서와 구치소로 이총각 지부장을 면회하면서 이들의 고통을 나누려고 힘을 쏟았다. 이총각 지부장은 자신이 석방되던 날, 김병상 신부가 교도소 앞으로 마중 나와 '그동안 고생했다'며 자신을 꼭 안아주어 눈물을 흘렸던 장면을 지금도 생생히 기억하고 있다.

동일방직 해고노동자 문제에 가톨릭교회 전체가 움직이기 시작하였다. 한국천주교주교단은 성명서를 통해 "지금까지 근로대중을 비롯하여 가난한 이들, 힘없는 이들을 위해서 참된 봉사를 다하지 못했음을 이 기회에 스스로 반성하고 뉘우친다. 우리 자신 역시 노동자를 형제애로 충분히 아껴 주지 못하였고 그들의 문제를 너무나 자주 외면하여 왔음을 깊이 자괴한다"면서 "그리스도교 근로자들을 비롯하여 부당해고된 모든 노동자를 복직시킬 것과 근로자들을 용공 또는 친공분자로 왜곡 선전하는 행위를 즉각 중단할 것"을 정부에 요청하였다.

인천교구사제단뿐만 아니라 김병상 신부가 위원장을 맡고 있던 대책위원회는 동일방직 해고자를 위한 기금을 모금하여 전달하였다. 그리고 유신독재의 동일방직 노동자 탄압을 국제적 여론에 호소하고 관심을 촉구하였다. 대책위원회는 1978년 12월 25일 일본가톨릭정의평화위원회 앞으로 서한을 띄웠다. 일본정평위는 동일방직 해고노동자를 위한 모금운동에 적극적으로 참여하였다. 김병상 신부는 이 서한에서 "귀 협의회와 각 단체, 개인이

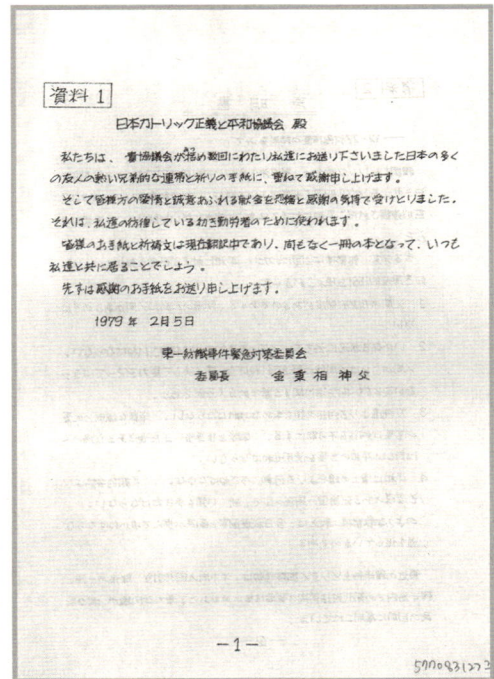

동일방직사건 긴급대책위원회가 일본 가톨릭정의평화위원회의 지원에 감사를 전하는 편지(1979년 2월 5일, 민주화운동기념사업회 아카이브, 등록번호 00577083).

보내준 뜨거운 격려와 기도는 이 나라 어린 근로자들에게 커다란 용기와 희망을 주고 있다"며 감사를 표했다.

김병상 신부는 동일방직대책위원장으로 오랫동안 활동하면서 해고노동자 복직에 많은 노력을 기울였다. 당시 동일방직 본사 사무실은 서울 대우빌딩에 있었다. 혼자라도 동일방직 서민석 사장을 만나 해고자 복직을 위해 설득해 보겠다고 두 번이나 찾아갔다. 그러나 사장이 약속을 일방적으로 파기하여 끝내 못 만났다. 이처럼 김병상 신부는 자신의 일처럼 나서서 동일방직 노동자의 고통을 함께 하였다.

동일방직 사건으로 인연을 맺은 이총각 지부장에게 김병상 신부는 잊을 수 없는 사목자이자 평생을 함께한 동지이기도 했다.

> 신부님은 나에게 큰 우산이었습니다. 언제나 노동자의 이야기를 귀담아 듣고 당신이 할 수 있는 일을 하셨지요. 노동문제가 생겨 설명을 드리면 현장을 꼭 찾아 오셔서 힘을 주셨어요. 저희들의 억울한 일을 신부님이 들어주는 것 자체만으로도 힘이 되었어요. 현장에 오시면 당신의 주머니를 다 털어서 손에 쥐어주고 가셨어요. 활동하는 사람들 배고프다면서 때마다 다 불러서 밥을 사기도 하구요.
> 언젠가 노동자미사 때 박해시대에 끝까지 신앙을 지킨 사람은 머슴들, 사람 대우 못 받는 사람들이 천주교를 지킨 것이라며 노동자를 많이 아껴 주셨어요. 정이 많고 아버지 같은, 언제든지 찾아갈 수 있는 그런 분이었습니다. _ 이총각, 2018.10.25., 면담자 한상욱.

해고된 동일방직노동자들은 1970~80년대에 강력한 복직투쟁을 벌여 나갔다. 1980년 4월 25일 해고자 복직을 요구하며 서울 여의도 한국노총 위원장실을 점거하고 무기한 단식농성에 들어갔다. 그러나 전국적 비상계엄령과 5·18광주항쟁 이후 동일방직 이총각 지부장을 비롯해 노동자들에게 수배령이 떨어졌다.

정보기관은 이총각 지부장의 동생이 중동 해외취업을 하려는 것마저 방해하였다. 1981년 3월 13일 이총각은 동생의 문제를 해결하기 위해 인천동부경찰서에 출두해 수배생활을 마치려고 했다. 그리고 김병상 신부에게 전화를 했다. 김병상 신부는 함께 동부경찰서를 가자며 선뜻 나서 주었으며 경찰서에서 이총각에게 무릎을 꿇게 한 뒤 강복을 주었다. 더 이상의 고초를 당하지 않기를 바라는 간절한 기도의 시간이었다. _ '길을 찾아서 / 이총각', 「한겨레신문」, 2013.09.22.

정의구현사제단과 구국사제단

김병상 신부가 정의구현사제단에 주도적으로 참여하며 1970년대 유신독재에 저항하며 고난의 길을 걸어갈 때 교회의 한편에서는 원로신부를 중심으로 1978년 이른바 구국사제단*이라는 단체가 결성되었다. 이들은 신문광고를 통해 정의구현사제단 활동을 공개적으로 비판하였다.

소수의 구국사제단 사제들은 '주교들이 정의구현사제단의 활동에 제동을 하지 않으면 안 된다'면서 교회 분열을 부추겼다. 구국사제단은 이후 평신도를 포함하여 '대건회'를 만들어 유신체제의 정당성을 옹호하였다.

김병상 신부는 구국사제단 신부들의 행위에 대해 분노하며 비판적으로 대응하였다. 교회의 일부라 하더라도 유신독재를 옹호하는 것은 사제적 양심을 반하는 것이라 생각했다.

* '구국사제단'은 1978년 교회의 민주화운동 참여에 반대하는 원로 사제들이 '교회현실을 우려하는 연장 사제 49명' 명의로 〈주교단에 드리는 호소문〉을 발표하면서 활동한 사제들을 언론 등에서 일컫는 명칭이다.

박정희 정권이 최고로 발악을 할 때이고, 거기에 정비례해서 소위 민주세력하고 정의구현사제단도 열정적으로 유신정권에 저항을 할 때였어. 그때 정부기관에서 사제단을 잠재우려고 … 그래서 그들을 앞세워서 사제단과 지학순 주교라든지 김수환 추기경 등 이런 사람들의 반정부행위를 거부하는 운동을 펼쳐야겠다고 생각한 거지. 그 당시 정부는 원로신부이면서 천주교 안에서도 권위 있는 사람들을 선정해서 앞세우려는 아이디어를 생각해 낸거야. 그래서 생겨난 게 바로 구국사제단이야. 사실 처음에는 선교사들을 찍었지. 선교사로 왔으면 하느님이나 전하지 왜 반정부운동을 하느냐고. 그리고 나중에는 한국 신부들까지 같이 물고 늘어진 거야.

한번은 구국사제단 신부가 인천 가톨릭회관에 와서 모임을 한다고 해. 그때도 그 신부가 사제단 신부들 사이에서 불신을 받는 대표적 인물이었거든. '박정희 앞잡이'라고 낙인을 찍었거든. 그 시간에 찾아가 보니까 사람들이 50~60명이 모여 있더라고. 근데 이 신부 얘기를 가만히 들어보니까 아주 나와는 정반대 얘기를 하면서 신자들을 선동하는 것이야. 그 사람들(선교사들, 정의구현사제단, 지학순 주교, 김수환 추기경 등)이 하는 것은 나쁘다, 하면서 여러 가지 논리를 대면서 얘기하는데, 신자들은 그 사람이 원로사제이고 하니까 듣고 공감하더라고. 그날 내가 바로 그렇지 않다고 단호하게 얘기했지. 그러니까 그 신부하고 내가 서로 다른 얘기를 하니까 혼란이 오잖아. 그리고 그때 있는 사람들은 모두 박정희 편이었어요. 거기서는 그렇게 끝났지. _「1970년대 민주화운동-김병상 신부 구술」

구국사제단을 잠재우다, 대건회 사건

유신독재 말기 1979년 5월, 안동교구 가톨릭농민회 오원춘 납치사건이 터졌다. 가톨릭농민운동을 탄압하기 위해 중앙정보부는 가톨릭농민회 회원 오원춘을 납치하여 울릉도에 감금하였다가 풀어주었다. 안동교구가 이 사건을 가톨릭농민회에 대한 중앙정보부의 탄압과 테러로 규정하고 항의하자, 박정희 정권은 오원춘과 안동교구 가톨릭농민회 정호경 지도신부 등을 구속하였다.

김병상 신부는 1979년 8월 6일, 안동교구에서 열린 '오원춘 납치사건' 기도회에 참여하였다가 대구로 내려가 대건회와 맞섰다.

> 안동교구에서 오원춘사건으로 시국기도회가 있었어요. 그때 기도회가 있으면 모두 몰려 다녔어. 황상근 신부하고 같이 갔지. 기도회가 끝났는데 대구의 이강언 신부한테서 전화가 온 거야. 대구에 내려오라는 거야. 대건회 사람들이 대구 신자들을 모아 놓고 반反 사제단, 반 선교사, 반 김수환 추기경 운동을 대대적으로 벌인다는 거야. 그래서 택시를 타고 대구로 갔어요. 대건회에서

사람 모이라고 한 고려예식장으로 갔지.

저녁 7시였는데 700명 정도 들어가는 곳이 꽉 찼더라고. 그런데 그 사람들이 나가서 보통 1시간씩 얘기하는데, 내용이 주로 지학순 주교나 김수환 추기경 그리고 사제단, 선교사들이 유신헌법에 반대하는데 이건 친공산주의고 친북적이다, 라는 거였지. 한 신부가 이북신문을 들어 보이면서 뭐라고 했냐면, 이북신문에 김수환 추기경하고 지 주교 사진이 나 있는데, 이분들 사진이 났으니 이게 친북적인 거 아니냐고 하는 거야. 그리고 또 선교사들은 한국에 와서 하느님이나 전하지 왜 반정부운동을 하느냐고 성토하더라고. 그렇게 대건회 강사들 얘기가 다 끝났어.

본래는 대구교구 이강언 신부가 답변하기로 했는데 못하겠다고 해서 내가 손들고 발언권을 신청했지. 그때 내가 인천 총대리였거든. 그래서 일어나서는 대건회의 비합리적인 태도를 반박하고 김수환 추기경이나 지학순 주교가 BBC방송에 나온 것을 얘기했어요, 그리고 제일 중요한 것은, 지금 유신정권이 시퍼렇게 칼날을 휘두르고 있는 판국에 이북신문을 들고 다니면서 보여줘 가며 얘기한다면 그 사람이 도대체 어떤 배경을 가지고 얘기하는지 여러분 한 번 생각해 보십시오, 라고 했지. 유신시대에 감히 어떻게 이북신문을 들고 다녀? 그 부분에 사람들이 모두 수긍한 거지.

30분 정도 했는데 청중들이 모두 공감을 했어. 그 순간으로 구국사제단은 끝장이 났어요. 박멸된 거지. 구국사제단이 그때 완패를 당하고 스스로 물러앉았어. 구국사제단을 명쾌하게 잠재우고 또 그 사람들의 망발을 700명의 대구 신자들한테 완벽하게 증언

해서 그들의 잘못을 파헤쳐 준 사건이었지. 그게 대건회 사건이야. _「기쁨과 희망」 06호.

유신독재는 막을 내리고 있었다. 가톨릭교회는 유신독재에 저항하면서 시대의 양심을 일깨웠다. 국민들은 민주화를 향한 가

인천의 민주화 성지로 불리는 답동성당에서 2003년 10월 31일 김병상 몬시뇰 서임 축하미사가 열렸다. ⓒ가톨릭평화신문

톨릭교회의 용기와 헌신에 갈채를 보냈다. 그리고 낮아진 교회의 문턱을 넘어 많은 이들이 기꺼이 걸어 들어왔다. 김병상 신부는 그 중심에서 교회의 사회적 책임과 역할을 실천하는 사목활동을 해 나갔다.

어느새 답동주교좌성당의 주임신부와 부주교로 사목활동을 해온 5년의 세월이 빠르게 흘러갔다. 답동성당은 진 시노트 신부가 강제추방 당한 곳이며 김병상 신부가 사제관에서 경찰에 붙잡혀 간 곳이었다. 그곳은 교회의 가르침을 따라 유신독재의 불의에 저항하고 신앙적 양심을 지키며 수없이 많은 신자들이 오르던 언덕이었다. 사회가 흔들릴 때마다 시국기도회와 미사가 봉헌되는 곳이었다. 공장에서 쫓겨나고 해고된 노동자와 권력으로부터 핍박받는 사람들이 찾아오는 안식처였으며 민주화를 갈망했던 시민들의 가슴속에 불씨가 된 곳이 바로 답동성당이었다.

1970년대 답동성당은 유신체제에 저항하는 인천지역 민주화운동의 상징적인 공간이 되었다. 그때 서울에 김수환 추기경이 있었다면 인천에는 김병상 신부가 있었다.

인천 답동성당은 서울 명동하고 같아. 민주화 성지야. _「기쁨과 희망」06호.

아! 천주교가 있구나, 광주항쟁과 교회

1979년 10·26사건으로 무너지지 않을 것 같았던 박정희 유신체제는 18년 만에 스스로 종말을 고했다. 사제가 된 후 유신독재에 저항하며 기나긴 민주화의 여정을 걸어온 김병상 신부에게 '독재의 종말'을 지켜보는 감회는 남다를 수밖에 없었다.

> 독재자는 망한다. 그리고 모든 주권은 역시 시민들에게 있다는 그런 것을 절감했지. 아무리 독재자가 힘이 많고 전 국민을 다 이렇게 쥐고 있어도. 다만 그 시기의 차이일 뿐이지, 꼭 망한다는 확신을 가져요. 왜 그러냐하니 우리 모든 주권은 국민한테 있기 때문에. 그 사람이 힘이 세지만서도 시민들은 항상 잠재적인 힘을 가지고 있기 때문에. 그 사람들이 불의, 부당 그런 것을 늘 지켜보고 있으니까. 아니 정말 그 박정희 죽었을 때 하나도 놀래지 않고, '그렇지! 모든 권력은 모든 주권은 시민들이 가지고 있다.'는 것을 절실히 깨달았어. _ 「1970년대 민주화운동-김병상 신부 구술」

독재자 박정희의 죽음으로 유신체제에 항거하다 구속된 문정현·함세웅 신부와 학생, 정치인들이 석방되었다. 사람들은 꿈에서도 바랐던 민주주의가 곧 시작될 것이라는 희망과 기대에 가슴이 설렜다. 그러나 전두환과 신군부세력은 12·12군사반란과 5·17쿠데타를 일으키며 유신독재의 뒤를 이어 권력을 찬탈했다.

1980년 '민주화의 봄'은 좌절되고 군부독재에 저항한 광주민중항쟁은 계엄군의 총칼로 진압되었고 시민들은 학살당했다. 유신독재를 그대로 빼닮은 전두환 군사독재는 계엄령을 선포하고 국민을 공포로 몰아넣었다. 독재정권과 어용언론은 5·18광주민중항쟁을 폭도와 불순세력의 반란으로 왜곡하였다. 이때 가톨릭교회는 광주의 참혹함과 진실을 알리기 위해 절박하게 움직였다.

김병상 신부는 1980년 2월, 교구 총대리신부로 발령을 받았다. 김병상 신부는 광주민중항쟁 소식을 듣고 광주의 진실을 알리기 위해 동분서주했다. 인천교구사제단은 5월 25일 광주민중항쟁에서 쓰러져간 무고한 희생자들을 위한 위령미사를 각 성당에서 봉헌하고 특별헌금을 하였다. _「인천주보」, 1980.06.01. 그리고 김병상 신부는 주일헌금을 모아 황상근 신부와 함께 광주교구를 찾아갔다.

> 황상근 신부랑 바로 그 소식 듣고서 자가용 타고 광주로 헌금을 챙겨서 갔었어 (……) 광주 시민들은 저 사람들이 와서 하느님만 전해주나 했더니 우리의 대변자가 됐구나. 우리를 위해서 저렇게 희생해 주고, 기도해 주고, 와서 정말 울어주는, 아! 천주

교가 있구나. _「1970년대 민주화운동-김병상 신부 구술」

가톨릭교회는 광주의 고통을 함께 하려고 노력했다. 광주항쟁 수습에 앞섰던 광주교구 조비오·김성용 신부가 구속되었다. 서울에서는 광주의 진실을 알리기 위해 〈찢어진 기폭〉이라는 유인물과 녹음테이프를 만들어 배포한 혐의로 서울대교구 오태순·장덕필 신부와 정양자 씨가 구속되었다. 연행된 신부들은 보안사에서 구타와 고문을 당했다. _ '5·18광주민주화운동과 가톨릭교회', 「가톨릭평화신문」, 2009.06.21.

전주교구는 5월 22일 긴급 사제총회를 열어 '전두환 광주살육작전'이라는 제목의 유인물과 성명서 1만 장을 인쇄해서 각 성당에 배포했으며, 강론을 통해 광주의 참상을 알렸다. 1980년 6월 25일 광주 진상을 알렸던 전주교구 박창신 신부는 사제관에 난입한 괴한들이 휘두른 칼과 쇠파이프에 중상을 입고 지체장애를 얻은 채 살아가야 했다. 광주교구는 6월 30일 '광주사태에 대한 진상'을 발표했으며, 정의구현사제단을 중심으로 각 교구마다 광주민중항쟁 희생자와 구속자를 위한 기도회가 지속되었다.

사람들은 계엄군이 시민을 학살했다는 사실을 처음에는 믿지 않았다. 그러나 진실을 감출 수는 없었다. 국민을 위해 존재하는 국가권력이 폭력과 고문, 살인을 저지르고 있었다. 강요된 침묵과 절망 앞에서 사람들은 숨죽이고 있었다. 그러나 광주민중항쟁의 진실은 가톨릭교회를 통해 서서히 알려지지 시작하였다.

교회의 빛과 세상의 소금, 인천주보

1980년대 「인천주보」는 인천교구 교회사와 인천지역 민주화운동사에서 차지하는 역사적 의미가 크다. 「인천주보」는 교회의 눈과 입으로 하느님의 정의를 말하였다. 대다수의 중앙·지역 언론은 국민을 학살하는 권력조차 옹호하며 왜곡보도를 일삼았다. 그러나 「인천주보」는 '교회의 빛과 세상의 소금'이라는 신념으로 신자들만이 아니라 지역 시민들에게 세상의 진실을 보여 주었다.

1980년 2월에 교구 총대리신부로 부임한 김병상 신부는 교구 행정체계를 사무처와 사목국, 교육국, 성소국 등의 편제로 체계화하며 홍보 분야 역할을 강화해 나갔다. 이때 「인천주보」는 각 성당별로 소규모로 제작하여 성당 소식을 알리던 주보 형태에서 벗어나, 시내 16개 성당의 주보를 하나로 통합하고 내용을 공유하는 획기적인 편집체계를 갖추게 되었다.

4면에서 8면으로 확대된 인천교구 주보는 모든 신자들이 같은 내용을 읽음으로써 생각을 나눌 수 있었다. 「인천주보」는 초기에 매주 약 1만 부를 발행하였으나, 이후 10여 년 사이 매년 증가하여 50여 개 성당에 약 5만 부로 늘어났다. 「인천주보」는 교회 주보 이상의 영향력을 가지면서 신자뿐만 아니라 일반 시민들도 주보를 찾아보는 기현상이 나타나기도 하였다.

인천에서 광주민주항쟁 소식을 처음으로 알린 것은 「인천주보」였다. 김병상 신부는 「인천주보」가 진실을 보도하는 언론의 역할을 할 수 있도록 도왔다. 이 때문에 1980년대 「인천주보」는 기관원에 의해 검열을 받고 기사가 삭제되는 경우가 비일비재했다.

처음 통합된 「인천주보」의 편집인은 장정옥안드레아이었다. 송림동성당에서 노동자를 위한 '서해야학'을 하던 장정옥은 호인수 신부의 소개로 「인천주보」 편집장을 맡게 되었다. 장정옥은 노동자

광주민중항쟁의 진실을 알리는 「인천주보」를 정보기관이 검열하자 백지 주보를 발간하며 저항하였다(왼쪽의 1981년 4월 5일자 주보와 오른쪽의 1983년 7월 3일자 주보).

야학 활동을 계속하는 조건으로 「인천주보」를 제작하게 되었다. 김병상 신부는 장정옥이 야학 활동을 병행하는 것을 흔쾌히 동의하면서 주보의 편집권과 독립성을 보장하고 주보 내용 때문에 문제가 생기면 모든 책임을 지기로 약속하였다.

교세가 커지고 사목 영역이 넓어지면서 주보를 제작하는 홍보교육국에 일꾼이 더 필요했다. 이때 유신독재시절 학생운동과 가톨릭사회운동을 해온 이명준클레멘스이 합류하였다. 이명준과 장정옥은 홍보교육국과 천주교인천교구청년회의 민중대학 개설 등 인천교구가 지역 민주화운동과 연결되는 데 중요한 역할을 하였다.

사회와 교회의 다리 역할을 한 「인천주보」의 '소금' 칼럼란은 사회운동가들에게 개방되었다. 민주화운동청년연합민청련의 김근태, 인천교구정의평화위원회 곽한왕, 인천지역사회운동연합, 천주교 인천교구청년회 등 교회 내외의 사회운동단체 회원들이 집필하였다. 다행히 칼럼의 필진은 익명으로 나갔기에 수배자들도 원고를 보냈다. '소금'은 민중들이 살아가는 생생한 사건과 기록을 전해준 덕에 많은 이들에게 호평을 받았다.

> 주보는 독재정권과 정면 대응을 했어. 주보가 전국 어느 신문보다도 권위 있는 소식지였어. 그때 그거 찾아봐 한 번. 소식지로서 아주 그 유명한. 요만 허지. 요만한 거지만서도 참 그게 어느 신문보다도 권위 있는 소식지지. 그래서 그 당시에 뭐 최기식 신부나 미문화원사건을 자세히 보도했어요. 정보기관이 못 나가게 해요.

못 나가게 하면 백지로 내보내는 거지. _「1970년대 민주화운동-김병상 신부 구술」

「인천주보」 역시 권력의 감시와 탄압을 피할 수 없었다. 「인천주보」 편집 담당자인 장정옥은 1980년 7월 어느날 밤 12시쯤, 송림동성당 야학을 끝내고 귀가하던 중에 성당 앞에서 야학 활동과 관련하여 정보기관에 연행되었다.

타자마자 눈을 가리고 끌려가면서 머릿속은 무섭게 어지럽다가 캄캄해졌다가 새하얘졌다. 수원에서 무슨 일이지, 어디서 무엇이 잘못됐을까. 절대로 아무 말하지 말아야 하며, 죄송하지만 모든 걸 김병상 신부님께 미루자고 생각을 정리했다.
경찰서에 도착해서 보니 상황은 복잡했다. 서울농대 다니던 학생이 광주시민 학살에 관한 유인물을 뿌리다가 현장에서 연행되었고, 그 출처를 캐다보니 우리 야학 교사의 친구가 관련되었다. 이들은 벌써 잡혀 와서 조사받고 구속되거나 아직 취조를 당하고 있었다. 내가 전해준 유인물이 맞을 것이다. 처참한 광주의 비극을 전하는 유인물을 야학에서 등사판에 등사한 소식지들 중 하나일 것이다.
그런데 문제는 그게 다가 아니었다. 형사들이 나의 자취방을 수색하였는데, 압수한 책과 녹음테이프가 그들의 책상에 증거물품 번호가 매겨져 놓여 있었다. 분도수도회 수사님들이 극비리에 만들어 세상에 알렸던 그 끔찍한 광주현장의 생생한 증언들. 테이프의 내용이 밝혀진다면 아, 그 다음은 상상이 불가한 공포였다. 그러나 기적은 하느님이 이루셨다. 다음날부터 신부님들이 계속 찾아오셨다. 황상근, 호인수 신부님이 면회를 왔다. 김병상 총대리신부님이 직접 수원경찰서장을 만나고 들어오시더니 이 모든 유인물 원본을 내가 주었노라 하셨다. 그 사이 나는 매일 유치장에서 정보과로 불려나가 수도 없이 진술서를 쓰고 또 쓰며 틈을 노리다가 어느 순간 형사의 눈을 피해 테이프를 빼냈다. 그걸 들고, 복도식으로 길게 이어져 똥물이 한데 모이는 유치장 재래식 화장실에 쭈그리고 앉아 손가락으로 테이프를 풀었다. 심장은 두근두근 방망이질 치고 비 오듯 쏟아지는 땀이 긴 원피스를 다 적시도록 테이프는 끝도 없이 길게 풀려나오다가 마침내 깊고 넓은 똥통 속으로 빨려 들어갔다. 오, 하느님! 내 생애 가장 간절히 온몸으로 기도한 시간이었다.

보름동안 취조와 진술을 반복하다가 나는 기소유예로 훈방되었다.

광주학살의 원흉 전두환 철권 앞에서도 교회의 힘이 작용한 것이다. 하루 쉬고 다음날 출근하자 김병상 신부님은 '그거 다 어디서 났어?' 한마디 하시고선 더 이상 묻지 않으셨다. _ 장정욱, 2018.10.24. 면담자 한상욱.

양말을 풀어 짠 십자가, 교황님께 드리다

김병상 신부는 함께 일하는 교회 직원을 한 식구로 대해 주었다. 사제와 평신도는 같은 길을 걸어가는 사람으로 평등했으며 언제나 아버지처럼 따뜻하게 감싸 주었다. 총대리신부 시절 함께 일했던 교구청 직원들과의 인연은 지금까지 이어져 오고 있다. 형편이 어려운 직원들의 집을 방문하고, 애경사도 빠짐없이 챙기고, 직원들의 건강을 세심하게 챙겼다. 마치 한 집안의 어른이었다. 오랜 세월을 함께 해온 장정옥은 이렇게 기억한다.

교구청에 여직원이 여 나믄 명 있었다. 각 부서마다 심성 곱고 신앙 깊은 아가씨들, 한번 들어오면 나가는 일 없이 평생 봉사자처럼 열심히 일하는 모습에 김병상 신부님도 고마워 하셨고, 직원들 또한 신부님을 아버지처럼 따르며 좋아했다(지금도 이들은 병상에 계신 신부님을 정기적으로 만나 돌보아 드리고 있다).
1981년 10월 18일, 여의도에서 조선교구 설정 150주년 기념미사가 거행되는 날 교구 신자가 모두 여의도로 집결하니 유일하게 주보를 휴간할 수 있어서 결혼식을 그날로 잡았다. 하지만 혼수도 결혼식 준비도 못하고 있는 나에게 김병상 신부님이 여직원들을 다 불러 모으라 하셨다. 그리고는 상품권을 한 장씩 주시며 의무적으로 구두를 한 켤레씩 맞춰 신으라고 명하셨다. 장애인단체 회원이 답동 뒷골목에서 꾸려가는 허름한 구둣방, 칠성제화였던가. 신부님이 내게 주신 결혼선물이자 직원들에게 골고루 나누어준 소박한 사랑의 선물이었다. 그날 결혼식에서 뒤꿈치 아픈 뾰족구두를 신고 나는 얼마나 감격의 눈물을 흘렸던지. _ 장정옥, 2018.10.24. 면담자 한상욱.

103위 성인 시성과 천주교 200주년을 맞아 교황의 방문이 준

김병상 신부는 로마교황청에서 교황 요한 바오로 2세와의 행복한 재회를 가졌다.

비되고 있었다. 1984년 5월, 교황 요한 바오로 2세가 한국을 방문하였다. 김병상 신부는 군부독재의 억압으로 고통 받는 사람들의 마음이 담긴 선물을 드리고 싶었다.

장정옥의 남편 이우청이 당시 학생운동으로 구속되어 있었다는 것을 떠올렸고, 이우청이 감옥에서 양말을 풀어 뜬 십자가를 교황에게 드릴 선물로 정하였다.

> 남편이 감옥에 있는 동안 자기가 신고 있던 양말의 올을 풀어 그 실로 작은 십자가를 만들어 갖고 나왔다. 어떻게 저걸로 십자가를 짤 생각을 했을까 의아했었다. 신부님은 그것을 기도라고 해석했다. 신앙심이라곤 하나도 없던 나와 남편에게 김 신부님은 저 아래 깊은 곳에서 퍼 올린 통곡의 기도라며 그 십자가를 교황님께 드리자고 제안하셨고, 우리는 기꺼이 황송한 마음으로 교황님께 선물을 드리는 영광을 받아 안았다. _ 장정옥, 2018.10.24. 면담자 한상욱.

민주화성지 답동성당의 목자

　김병상 신부가 인천교구 총대리신부로 있던 1980년부터 1987년까지 가톨릭회관과 답동성당은 인천의 민주화 성지가 되었다. 애초에 교회 스스로가 '성지'로 부른 것은 아니었다. '민주화 성지'는 민주주의를 갈망하고 억압받는 이들에 의해 호명되었다. 답동성당과 가톨릭회관은 전두환 독재 치하에서 노동자, 시민, 학생들의 뜨거웠던 민주주의 공간이었다.

　광주항쟁의 진상이 규명될 때까지 매년 5월이면 광주항쟁 추모미사가 봉헌되었다. 민주주의 역사를 기억하기 위해 4·19혁명 추모미사가 봉헌되었다. 민주화를 이루기 위한 교육이 가톨릭회관에서 일상적으로 진행되었다.

　1983년 5월 27일 인천교구 교육원 주최로 제1회 월례 청년금요강좌가 열렸다. 강사는 함세웅 신부였으며 "가난한 사람들의 교회"라는 주제로 해방신학을 중심으로 한 강의가 있었다. 가톨릭회관 강당에서 열린 첫 번째 금요강좌는 500여 명의 학생, 청년, 노동자들이 계단까지 앉아서 참여하는 가운데 성공리에 개최되었다.

금요강좌는 1980년대 후반까지 계속되면서 가톨릭학생운동과 지역학생운동을 활성화시키는 촉매제 역할을 하였다. 당대의 저명한 재야인사와 지식인들이 가톨릭회관으로 모여 들었다. 김근태, 문익환 목사, 백기완 선생, 유인호·박현채 교수, 이부영 기자 등이 초대되었다. _「인천주보」, 1983.06.05.

1984년 6월, 인천교구 교육국과 천주교인천교구청년회 주최로 '민중대학'을 시작하였다. 민중대학은 민주주의를 갈망하는 교회 안팎의 학생, 노동자, 시민들을 위한 교육의 장이었다.

한국 근·현대사, 경제학, 정치학, 교육학, 철학, 종교학, 신학 등의 강좌가 열리고 1980년대 해직된 대학교수 등이 강사진으로 대거 참여하였다. 이처럼 금요강좌와 민중대학 등 다양한 교육프로그램을 통해 교회가 세상을 향해 문을 열자 진리를 갈망하는 이들은 환호했다.

가톨릭회관을 중심으로 민주화운동을 활발하게 펼쳐질 수 있었던 것은 김병상 신부가 교구 총대리신부로 있었기에 가능하였다. 김병상 신부는 교회와 사회를 연결하는 것을 중요한 사목방침으로 삼았다. 이러한 사목방침으로 민중대학과 금요강좌는 교회의 지원을 받으며 공개적으로 이루어졌다.

이러한 활동으로 1980년대 인천교구는 민주화운동과 긴밀한 관계에 있었다. 당시 김병상 신부를 비롯해 호인수·조성교 신부 등 인천교구 사제들은 지역 민주화운동에서 큰 역할을 하였다. 성당이 학생, 노동자 등 지역사회에 개방되었고, 정의평화위원회와 가톨릭사회운동 단체는 민주화를 요구하는 시위를 직접 주관하며 사회복음화 활동의 전면에 나섰다.

김병상 신부와 교구 사제들은 가톨릭청년회, 가톨릭대학생회, 가톨릭노동청년회 등 가톨릭사회운동 단체들이 민주화운동에 나설 수 있도록 적극적인 지원을 아끼지 않았다. 이렇게 모여진 힘은 인천지역 민주화운동 성장에 밑거름이 되었다. 김병상 신부와 민주화의 길을 함께 걸었던 사람들에게 1980년대는 힘들었지만 잊을 수 없는 순간들이었다. 김병상 신부는 언제나 목자이자 동지로서 그들과 함께 있었다.

> 우리가 학생운동이나 시민운동을 도와주었던 것은 사실 그 당시 운동권 단체들이 여러 면에서 고통과 박해를 받았기 때문입니다. 천주교를 비롯해 종교계가 좀 더 따뜻했고 도움을 줄 수 있었고 그들이 머물 수 있는 장소였습니다. 그래서 그분들이 쉽게 성당을 찾아 올 수 있었다고 생각합니다. 당시에는 정말 아낌없이 경제적 도움과 숙소를 제공하고 기관원들의 위협으로부터 생명을 보호하고 지키는 일에 한마음으로 나섰다고 생각합니다. 운동권 사람들이 쫓기고 잡혀가고 갇히고 맞는 등 그 상황이 참으로 어려웠기에 혈육 이상의 동지로서 보호와 도움을 주는 것이 당연했습니다. 그 동지애는 공동운명체의 사랑이었습니다. _ '흰 로만칼라가 때묻어도 좋아라-김병상 신부', 「황해문화」 통권 제55호, 2007.06.

김병상 신부는 인천교구뿐만 아니라 1984년, 한국천주교주교회의 직속기구인 한국천주교정의평화위원회 부회장직을 맡아 활동하였다. 윤공희 주교, 이돈명·유현석·황인철 변호사, 메리놀수녀회 로사 수녀 등과 함께 노동관계법 개정, KBS TV 시청료 거부운동, 인권주일 등 필요할 때마다 가톨릭교회의 사회적 메시지를 전달하는 데 많은 노력을 기울였다. 한국정평위는 각 교구 정평위와 협력과 연대를 통해 가톨릭교회 신자들에게 사회적 가르침을 전파하고 정의평화운동에 적극적으로 참여하도록 안내하는 역할을 하였다.

엄호할 테니 밀고 나가자, 6월항쟁과 교회

1987년 6월항쟁 전후로 인천지역에서 전두환군부독재에 대한 저항과 투쟁은 점점 높아져 갔다. 5·3인천민주화운동, 부천서 성고문사건, 박종철 고문치사사건과 교회의 대응, 1987년 전두환 정권의 호헌 발표와 인천교구사제단 단식, 6월항쟁과 가톨릭회관 농성 등 숨가쁜 시절이었다. 신자들은 가톨릭교회가 민주주의에 앞장서는 것을 보며 환호했으며, 시민들은 군부독재에 저항하는 교회에 박수를 보냈다.

1987년 1월 14일, 서울대생 박종철이 국가권력에 의해 물고문으로 죽음을 당했다. 「인천주보」는 박종철의 죽음을 글로 애도하는 것으로는 부족하다고 여겼다. 그래서 조의를 표하는 검은 휘장만 두르고 백지로 주보를 인쇄했다. 전두환의 폭압정치에 저항하는 최고의 수단이라 생각했다. 많은 신자들은 공감했으나 표현이 너무 강하지 않나 걱정하는 교구 사제들도 있었다. 김병상 신부는 권력에 의해 젊은 학생이 고문살인을 당한 것을 보며 분노를 참지 못하였다. "뒤에서 엄호할 테니 알아서 밀고 나가라."고

하였다. _ 장정옥, 2018.10.24. 면담자 한상욱. 그때까지도 안기부와 정보과 형사들은 매일 교구청 가톨릭회관 경비실에 자기 사무실처럼 상주하였다. 유력인사의 동정을 파악한다며 김병상 신부 일정을 감시하고 시시각각 보고서를 올리곤 하였다

1월 26일 오후 7시, 답동·부평1동·소사성당에서 동시에 박종철 추모미사 및 진혼제가 열렸다. 인천교구가 지구별로 시국상황에 대한 추모미사를 동시에 봉헌한 것은 처음 있는 일이었다. 당일 답동성당의 추모미사는 나길모 주교와 인천교구사제단 주례로 봉헌되었다. 미사를 마치고 신자들과 시민들은 십자가를 앞세우고 촛불을 들고 긴 행렬을 이루며 가톨릭회관 입구로 내려왔

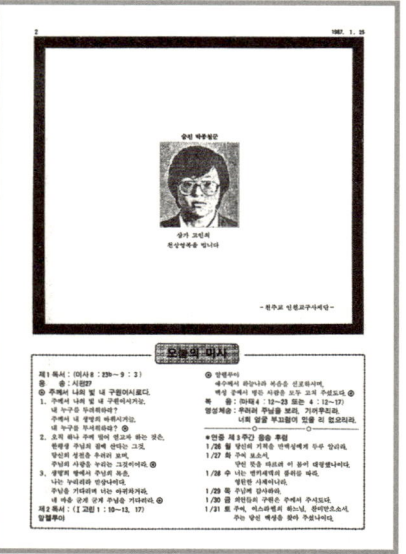

박종철 군 고문치사를 저지른 독재정권에 저항하는 의미로 백지로 발행한 1987년 1월 25일자 「인천주보」.

다. 회관 앞길 촛불집회에는 신포시장 상인, 행인들까지 모두 가세했다. 맨앞에 주교가 앞장섰고 사제단과 수녀들, 수많은 사람들이 뒤를 이었다.

분노한 시위대와 경찰의 격렬한 싸움이 벌어졌다. 가톨릭회관 앞 전봇대에 불이 붙고 순식간에 정전이 되었다. 가톨릭회관 일대는 아무것도 보이지 않는 어둠에 쌓였으며 잠시 정적이 흘렀다. 고귀한 생명을 고문으로 살해한 군부독재의 만행을 더 이상 용서할 수 없었다. 시위대는 절규했다.

다음날부터 가톨릭회관 입구에 박종철 열사 추모분향소가 만들어졌다. 49제 동안 가톨릭회관 앞 노상에 만들어진 분향소에는 박종철 열사를 추모하는 사람들이 매일 모여 들었다.

2월 7일에는 전국에서 박종철 추도회가 열렸다. 인천에서도 오후 2시 가톨릭회관에서 행사가 시작되었다.

> 박종철 고문사건으로 군부독재를 향한 분노가 하늘을 찔렀다. 2월 7일 전국적으로 고 박종철 국민추도회가 개최되었지만 경찰의 제지로 무산되고 가두시위가 벌어졌다. 이날 인천교구에서 오후 2시부터 가톨릭회관 6층에서 사제단 명의로 약 1시간 40분 동안 옥외방송을 통해 인천 추도회를 개최했다. 2시에 맞추어 타종이 울렸다. 신자들과 지나는 시민들은 1분간 묵념을 했다. _「동아일보」, 1987.02.15.

이어서 김병상 신부가 옥외방송으로 인사말을 하였다. 박종철 군을 추모하는 조시가 바쳐지고 조사 낭독, 성명서가 발표되었다. 답동·신포동을 지나는 시민들은 가톨릭회관에서 들려오는 소리에 걸음을 멈추고 귀를 기울였다.

박종철 고문 치사사건으로 전두환 정권은 권력을 더 이상 유지할 수 없는 위기상황이었다. 정국은 폭풍전야였다. 그러나 전두환은 물러서지 않았다. 오히려 '4·13 호헌조치'를 발표하고 "개헌 논의를 빙자해 실정법을 어기는 행위를 엄단하고 구속수사를 원칙으로 하며 법정 최고형을 구형할 것, 모든 시위·농성 등의 집단행동을 불허한다"는 협박을 하였다. 전국 교구에서 '호헌철폐'를 위한 단식기도회가 줄을 이어 시작되었다. 4월 30일, 천주교 인천교구 사제 39명은 가톨릭회관에서 민주개헌을 위한 미사를 봉헌하고, 5월 6일까지 단식기도에 들어갔다. 수녀연합회는 성체조배에 들어갔으며, 각 본당은 철야기도회를 실시하였다.

「가톨릭신문」, 1987.05.10.

인천교구사제단의 단식과 시국미사가 열리는 동안 가톨릭회관과 답동성당에는 매일 수많은 신자, 학생, 노동자들이 모여 들었다. 6월항쟁은 이미 시작되고 있었다.

전국적으로 전두환정권에 대한 저항이 높아지던 1987년 6월 10일, 가톨릭회관에서는 오후 4시 20분부터 10분 간격으로 국민대회 참가를 촉구하는 가두방송을 내보냈다.

6월 17일 오후 8시 김병상 신부가 주임신부로 사목하던 주안1동성당에서 '6·10보고대회'가 개최되었다. 군부독재를 향한 시민불복종운동을 선언하고 이한열에게 최루탄을 쏜 독재정권의 폭력을 규탄하였다.

김병상 신부는 "문제를 해결하는 것은 전두환 씨가 퇴진하는 것이며 이제 민주화의 큰 길에 다 함께 참여하자. 사제들뿐만 아니라 누구나 대중운동 차원에서 참여하고 행동으로 발전시켜 나갈 때가 왔다. 민심은 정부를 떠났으며 국민의 요구를 받아들여야 한다"며 신자들에게 호소하였다.

보고대회가 끝난 후 사제단과 수녀들이 대열의 앞에 서서 시민회관으로 촛불행진을 하였다. 거리의 시민들과 함께 시민대회는 밤늦은 시각까지 계속되었다. 수천의 시위대는 밤 10시 이후 시민회관에서 석바위 방향으로 행진하였다. 인천지역의 종교, 노동, 학생, 청년단체 등이 경찰과 대치를 하며 군부독재 퇴진을 요구하는 집회가 밤이 깊도록 계속되었다.

심야에 경찰이 시위대에게 최루탄을 쏘고 강제진입에 나서면서 석바위사거리는 아수라장이 되었다. 최루탄으로 인해 인천교구가톨릭대학생연합회 학생들과 청년, 노동, 시민단체 회원들의 머리가 깨지고 부상을 당하는 사고가 발생했다. 이날 집회는 밤 12시가 넘어서 경찰에 의해 강제 해산되었다.

6월항쟁과 6·29선언, 곧이어 전국적인 노동자대투쟁 등 한국 사회는 숨가쁘게 민주화를 향해 달려갔다. 독재로부터 숨죽여왔던 각계각층의 요구가 봇물처럼 터지기 시작하였다. 6월항쟁의 과정과 이후에 전국적으로 민주헌법쟁취국민운동본부가 결성되었다. 인천지역도 예외는 아니었다. 인천교구 사제들도 민주헌법쟁취국민운동 인천본부_{인천국본} 조직에 함께 참여하였다.

김병상 신부는 인천지역 재야세력을 대표하여 인천국본 고문으로 위촉되었으며, 공동대표에는 이근창 신부, 상임집행위원장은 서상범, 홍창만 신부가 참여하여 인천국본의 핵심적 역할을 하였다. 지역단체와 회원 1천여 명이 참가한 인천국본은 9월 6일 오후 3시, 답동성당에서 창립되었다. 가톨릭교회가 민주화운동과 자연스럽게 하나되는 순간이었다.

주한교황청 대사 달걀 세례와 주안1동성당

1980년부터 총대리신부로서 격변의 세월을 헤쳐 온 김병상 신부는 1987년 2월 주안1동성당 주임신부로 발령을 받았다. 새로 부임한 주안1동성당은 인천시민회관 옆에 있으면서 1986년 5·3인천민주화운동 당시 시위대를 위해 성당을 개방하는 등 인천지역 민주화운동에서 중요한 역할을 하고 있었다.

김병상 신부가 주안1동성당 주임신부로 사목할 당시 주한 교황청대사인 이반 디아스Ivan Dias 대주교사건이 발생했다. 사건의 발단은 1989년 7월 26일 정의구현사제단이 가톨릭신자인 임수경을 보호하고 통일에 대한 열망을 확고히 하기 위해 문규현 신부를 북한에 파견해 판문점을 거쳐 귀환하도록 결정한 것에서 시작되었다. 당시 한국천주교주교회의는 문규현 신부의 방북에 대해 유감의 뜻을 표했다.

정의구현사제단은 가톨릭회관에서 임시총회를 개최하고 문규현 신부의 파북은 민족의 화해와 일치를 위한 숭고한 행위임을 밝혔다. 정의구현사제단에서 중요 역할을 한 김병상 신부는 문규현 신부 북한 파견에 관한 한국천주교주교회의의 입장을 지켜보면서 심적인 고통을 느껴야만 했다.

> 1989년에 문규현 신부를 이북에 파견했을 때입니다. 교회 안의 보수세력과 수구세력이 이 사건을 계기로 주교들을 동원해 전면 공세를 펼쳤어요. 사제들이 교회 조직 안의 사람이다 보니 아무래도 활동이 주춤해지는 인상도 있었고요. 이런 교회 안의 갈등이 가장 힘들었어요. 7천만 겨레가 통일을 열망하는데 신부 한 사람이 북한에 다녀왔다고 해서 교회가 양론으로 나뉘고 특히 정부의 안보 논리와 이간질에 휘말려 춤을 췄던 것은 부끄러운 일이지요. _「1970년대 민주화운동-김병상 신부 구술」

한걸음 더 나아가 이번에는 주한 교황청대사 이반 디아스가 언론 인터뷰에서 문규현 신부의 방북을 '사제가 지켜야 할 규정을 지키지 않은 것'이라고 비판하였다. 이반 디아스 교황청대사는 "한국은 민주주의의 맹아기, 다시 말해 유치원생 정도라 볼 수 있으며 그런데 마치 대학생인 것처럼 행동하려 한다"며 군부독재에 저항하는 국민들을 모독하는 발언을 하였다. 그는 한국 국민들이 "남의 말에 귀 기울이는 문화, 함께 해결책을 찾아 나가는 자세가 아쉽습니다. 한국에 있어서 데모크라시민주주의가 데모크레이지데모를 일삼는 것로 바뀐 것 같아요"라는 한국 사회를 조롱하는 발언을 하였다. 김병상 신부는 교황청에서 파견된 고위 성직자의 망언에 몹시 분개했다.

이러한 상황을 접하면서 정의구현사제단은 '이반 디아스 대주교 발언에 대한 우리의 견해'라는 결의문을 통해 "교황사절이라는 사목적 신분과 바티칸시국의 대사라는 외교적 신분, 그 어느 쪽에도 적합하지 않다"며 이반 디아스 대주교를 소환할 것을 교황 요한 바오로 2세께 청원하는 내용의 서신을 교황청으로 보냈다.

이 결의문에 인천교구 김병상 신부를 비롯하여 전국의 사제 362명이 서명하였다. 정의구현사제단은 이반 디아스 대주교 발언으로 한국천주교회에 대한 국민들의 신뢰가 실추된 것에 대해 공개사과를 요구하며 교황 대사관을 방문하였다. _「연합뉴스」, 1990.03.26.

> 이반 디아스가 한국을 무시하는, 민주화세력들을 유린하는 그런 발언을 했어. 그래 교수들이 그것에 대해 비판하는 성명서도 나왔어요. 그리고선 잠잠한 거예요. 근데 그게 아주 우리들 자존심도 상하고, 또 외국 교황대사는 그 나라의 대외관계나 이렇게 교회하고 정부하고 관계, 그런 거를 하는데, 지가 한국의 민주화를, 민주화 세력들을 짓밟아 가면서, 마치 들쥐 같은 놈이라고 욕을 했잖아요. _「1970년대 민주화운동-김병상 신부 구술」

김병상 신부는 이반 디아스 대주교가 한국 국민의 분노와 정의구현사제단의 사과 요구를 전혀 귀담아 듣지 않는 것을 보면서 그대로 넘어가지 않았다. 교황청을 대표하는 교황청대사가 한국

교회와 국민을 무시하는 것에 자존심도 상했다. 이런 저런 궁리 끝에 직접 이반 디아스 대주교에게 분명한 행동을 보여주겠다고 결심했다. 교회의 비난이 쏟아질 것을 예상하면서도 양심에 비추어 옳은 일이라고 생각하며 청년 같은 기개를 보여주었다. 이 사건은 김병상 신부 외에는 아무도 할 수 없는 일이었다.

> 1990년 4월 22일, 주일날 그때 우리 본당에 이반 디아스 주교가 견진*을 주러 오게 됐어요. 내가 초청을 했지. 어떻게 보면 내가 그런 유도작전을 한 거야. 그때 주안성당 주임신부로 있었는데, 그것이 가톨릭신문에 크게 났어. 김병상 신부와 사목위원이 그랬다고 말이야. 이반 디아스가 진짜로 한국 사람들을 모독하고 무시하고 멸시하는 발언을 했지. 그래서 일반 교수단도, 또 일반 사람들도 한국민주화운동에 대한 이반 디아스의 비하 발언에 대해 성명서를 냈거든. 그런데 왜 민주화운동을 한다고 하면서 그 사람 집 주변, 그러니까 교황청 대사관에 가서는 아무도 데모를 하지 않느냐는 거야. 나가라고 추방해야지. 그 사람의 만행과 우리 민족을 모독하는 망언에 규탄하는 데모가 한 번도 없었어.
> 그때 내가 아주 분개를 했어. 그래서 내가 어느 지역 활동가에게 '당신, 큰소리치면서 민주화운동 한다고 돌아다니면서 이런 것도 그냥 놔두냐' 하면서 싫은소리를 했어. 그리고 나는 교황대사를

---

* 견진성사는 주교 또는 주교로부터 권한을 위임받은 사제가 그리스도인에게 거룩한 기름을 바르며 성령이 임하시기를 기도하는 안수기도를 함으로써 그리스도인의 마음속에 성령이 임하게 하는 교회의 성사이다.

한번 혼내야겠다고 생각했고. 그래서 내가 일부러 본당에 견진을 줘야 한다면서 주교를 불렀어요. 준비를 하고 있는데, 그 활동가가 자기가 사람을 동원해서 다 책임지고 하겠다고 하더라고. 그래서 내가 뒷받침할 테니까 다 하라고 했지.

그래도 뒷일이 알려지면 나도 박살나니까 방어해야 되잖아. 그래서 주교에게 찾아가서 교황대사에 반대하는 사람이 있으니까 교황대사에게 전화를 해서 알려주면 좋겠다고 했지. 주교가 나보고 전화하라고 해서 내가 교황대사 비서에게 전화로 그런 상태를 알려줬지. 그랬더니 교황대사가 정부기관에 알려서 주변을 다 조사해 갔어.

근데 성당 지하에서 준비하는데 뭐가 보이나? 그러면서 안전하다고 교황대사가 온다고 하더라고. 나야 오기를 바랐으니까 잘 된 거지. 그래서 대학생 30여 명하고 노동자하고 지하에서 완벽하게 준비했어요. 난 준비하는 것은 알고 있었지만 내용은 몰랐어. 사람들이 거기 들어가면 안 되니까 바깥에서 사람들을 못 들어가게 했지.

그리고 교황대사가 견진하러 온 날, 교황대사가 견진 다 주고 나니까 어떤 신자가 교황대사를 욕하는 발언을 해. 그래서 내가 교황대사에게 바깥에 저항이 있다고 했더니, 괜찮다고 하더라고. 그래서 나왔지. 젊은 친구들 20여 명이 마스크를 쓰고 피켓을 들고 있고, 차를 중간에 두고 빽 둘러 있었지. 그런데 교황대사는 미안하다는 말은 그만두고 아주 뻔뻔하게 잘난 것처럼 둘러보는 거야. 그리고는 사제관에서 점심 먹고 나왔거든. 그동안에 청년들이 교황대사 자동차 뒷유리에 빨간 페인트칠을 해 놓았더라고. 교황비서가 화가 나서 청년들한테 욕을 했지만 꼼짝이나 하나? 교황대사가 차를 타고 정문으로 나가려고 했지만 미리 정문을 다 잠가 놓았어요. 그래서 못 나가고 뒤에 쪽문으로 나가려고 했는데, 그곳에 청년들이 일렬로 서서는 계란으로 차를 두드려 팬 거야. 자동차가 엉망이 됐지. 빨간 페인트도 칠해놨고 하니까. 가만히 보니까 안 되겠어.

그래서 김옥균 주교에게 '교황대사에게 오지 말라는 얘기도 했다'고 하면서 살 구석을 찾았지. 왜냐하면 내가 표면적으로 한 건 아무것도 없잖아. 청년들이 다 한 거지. 그런 후에 인사 조치를 기다렸는데, 당시 김옥균 주교님이 교황대사한테 그렇게 한 것은 잘못한 거라고 혼을 내기만 했어. 해임이 되지는 않았지. 아마 세계에서 교황대사에게 그렇게 한 적은 유례가 없을 거야. _「기쁨과 희망」06호.

보안사 불법사찰을 당하다

1990년 10월 4일, 국군보안사령부보안사의 민간인 사찰이 세상에 알려졌다. 종교인, 학생, 정치인, 재야인사 등에 대해 등급을 분류하여 일상적인 감시를 해왔던 것이다. 이러한 불법사찰은 보안사에 근무하던 윤석양 이병이 자료를 들고 나와 양심선언을 통해 폭로하면서 드러나게 되었다.

보안사가 1989년 민간인 923명을 사찰한 내용을 담은 일명 '청명계획'의 문서였다. 계엄령 상황에 대비, 좌익 성향의 주요 인사 923명의 검거와 처벌을 위한 계획이었다. 또 이들 인사를 등급별로 구분하여 인적 사항, 예상 도주로와 은신처, 체포조, 유치 장소 등이 기재된 청명카드체포카드를 작성하고 계엄령 상황에 이들을 검거, 처벌하기 위한 준비를 하고 있었다.

인천교구에서는 김병상 · 황상근 · 이준희 신부 등은 물론 인천교구 정평위 간사 곽한왕, 인천교구 홍보국 직원 이기선 등 인천교구 평신도 다수가 사찰 대상이었다. 전국적인 사찰 대상에 김수환 추기경, 윤공희 광주대교구장, 김영삼 · 김대중 · 노무현 등의 정치인들이 포함되어 있었다.

  10월 20일, 보안사 불법사찰에 항의하기 위해 인천교구 정평위는 개신교 인권위원회 등 인천지역 7개 단체와 공동으로 부평3동성당에서 1천여 명의 시민들이 참석한 가운데 '보안사 불법 사찰 규탄 및 군정 청산 인천시민대회'를 열었다. 그리고 부평3동성당에서 인근 백운공원 근처의 보안사까지 평화행진을 했다. 김병상 신부는 대회사에서 현 정권의 부도덕함과 보안사의 만행을 지적하고 인천시민이 단결하여 민주정부 수립에 나서자고 하였다.

「정의평화」 제43호, 1990.10.01.

  김병상 신부는 1970~80년대 정의구현사제단 활동, 인천교구 정의평화위원회 위원장, 한국천주교정의평화위원회 부위원장, 동일방직사건 긴급대책위원회 위원장, 인천교구 총대리신부 등 교회 안과 밖에서 군부독재를 비판하며 지역사회에 중요한 역할을 하였다. 이러한 이유로 김병상 신부는 권력으로부터 일상적인 감시와 사찰의 대상이 되었다. 양심과 비판의 자유마저 허용되지 않는 군부독재의 민낯이 드러나는 순간이었다.

더욱 젊어지기를, 회갑축하미사

1992년 5월 25일 오전 11시 주안1동성당에서는 김병상 신부의 회갑축하미사가 열렸다. 서품 연도는 늦어도 나이가 가장 많았던 김병상 신부를 위해 인천교구에서 처음으로 열리는 회갑축하미사였다. 미사는 교구장 나길모 주교 주례로 동창·교구사제 50여 명이 공동 집전하였으며, 축하객은 3천여 명이 넘어 성당 밖까지 가득 메웠다. 가톨릭교회 교수 신부와 지인 교수들은 김병상 신부 회갑기념 헌정논문집 『의로운 사회와 교회』를 출간하였다. 기념논문집은 김병상 신부가 평생 추구해 온 인간 존엄성과 사회 정의, 민주주의, 인권에 관한 논문이 주를 이루었다.

나길모 주교는 미사 강론을 통해 "23년간 본당사목뿐만 아니라 특히 10여 년간 교구총대리로서 교구 발전에 큰 기여를 한 김 신부의 회갑을 축하한다"고 고마움을 전했다. 이어 교황 요한 바오로 2세가 보내온 회갑 축하 강복장이 낭독되었다. _「가톨릭신문」, 1992.05.17.

함세웅 신부는 축사에서 "연세에 비해 젊은 생각을 가지신 김

신부님은 언제나 웃으면서 여유를 가지고 신중하게 일을 처리하시는 분"이라면서 "현재 양심수 뒷바라지에도 많은 활동을 하고 있는데 앞으로도 계속 우리가 어려울 때 힘과 용기를 주는 사제가 되어 많은 이들이 희망을 갖도록 더욱 젊어지시길 당부한다."고 말했다.

김병상 신부는 답사를 통해 "나이는 먹었어도 누구와도 대화할 수 있다는 것을 축복으로 여기고 있고 지금까지 나를 언짢게 했던 사람들도 모두 고마운 사람들임을 깨달았다. 더군다나 내가 무엇을 하면 다 되는 줄 알고 무엇을 하려고만 했는데 그렇지 않다는 것을 진작 깨닫지 못해 아쉽다"면서 "사제로서 예수님을 빛내고 증거하지 못해 미안할 따름이며, 오늘 많은 박수의 의미를

회갑을 맞이하여 주안동성당에서 미사를 봉헌하는 김병상 신부(1992년 5월 25일).

잘 받아들여 기쁘고 행복하게 살겠다"고 말했다.

회갑 축하식에서 문익환 목사의 큰아들인 문호근 씨가 아버지를 대신하여 김병상 신부의 회갑을 축하하는 옥중 편지를 낭독하였다.

김병상 신부님 환갑을 맞으신다고요. 내 나이 벌써 예순인가? 그런 생각으로 서운한 생각이 드시는 건 아니죠. 축하해 드리는 친구들과 교우들의 마음에 들뜬 기분이 드는 건 아닙니까?
제 경험으로 미루어 보아 그러리라고 생각되어 진심으로 저도 축하를 드립니다.
예순해 살아온 것이 유감스러워야, 헛산 것 같아야 서운하겠지

회갑잔치에서 환하게 웃고 있는 김병상 신부(1992년 5월 25일).

만, 김 신부님은 그게 아니잖습니까? 하늘의 은총으로 무상한 60년 세월 아니었습니까? 사람들은 신부님을 쳐다보며 푸른 이파리

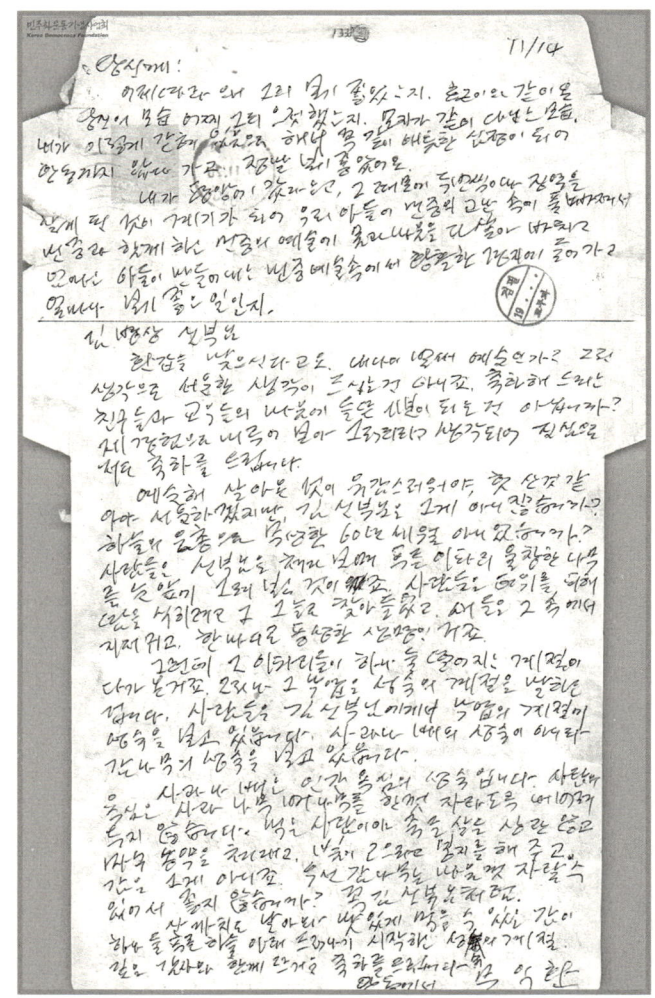

문익환 목사가 김병상 신부에게 보낸 옥중서신, 1996.11.14. (민주화운동기념사업회 아카이브, 등록번호00827277)

울창한 나무를 눈앞에 그려 보는 것이죠. 사람들은 더위를 피해 땀을 식히려고 그 그늘로 찾아 들었고 새들은 그 속에서 지저귀고 한마디로 풍성한 생명인 거죠.

그런데 그 이파리들이 하나둘 떨어지는 계절이 다가온 거죠. 그러나 그 낙엽은 성숙의 계절을 말하는 겁니다. 사람들은 신부님에게서 낙엽의 계절에 성숙을 보고 있습니다.

사과나 배의 성숙이 아니라 감나무의 성숙을 보고 있습니다. 사과나 배는 인간 욕심의 성숙입니다. 사람의 욕심은 사과나무, 배나무를 한껏 자라도록 내버려 주지 않습니다. 먹는 사람이야 죽든 살든 상관 않고 마구 농약을 쳐대고, 빛이 고우라고 봉지를 해 주고, 감은 그게 아니죠. 우선 감나무는 마음껏 자랄 수 있어서 좋지 않습니까? 꼭 김 신부님처럼.

산까치도 날아와 맛있게 먹을 수 있는 감이 하나둘 푸른 하늘 아래 드러나기 시작하고, 성숙의 계절 깊은 감사와 함께 뜨거운 축하를 드립니다.

안동에서 문익환

남북 화해와 평화를 향한 염원

김병상 신부에게 '전쟁과 분단'은 평생 가슴속에 남아 있는 답답한 응어리였다. 식민시기에 태어나 일제강점기를 경험하며 어린 시절을 보냈다. 해방의 기쁨도 잠시, 전쟁의 참상을 직접 목격하며 남북이 서로에게 입힌 씻을 수 없는 상처를 보았다. 그리고 독재가 분단 유지 수단으로 오랜 기간 정당화되었다. 이러한 현대사의 그늘에서 민주화의 길을 걸어 온 사제로서 김병상 신부에게 남북 문제는 한시도 피할 수 없는 화두였다.

김병상 신부에게 분단의 문제는 서로를 용서하는 것에서 출발하는 것이었다.

> 분단의 비극은 강대국의 타의에 의해 이루어졌고, 그 슬픔과 비극은 이 민족의 눈물과 한과 상처로 이어지고 있다. 6·25 3년의 동족끼리의 전쟁은 남북 모두의 가슴에 남북간의 증오, 불신, 분노의 상처를 가득히 안겨주고 있다. 아직도 언제 통일이 될지 요원한 가운데 대치상태로 총을 마주대고 남북 모두가 뒤에 강대국

을 배경삼아 총으로 겨누고 있는 건 비극 그 자체이다. _ 김병상 몬시뇰 일기, 2008.06.25.

김병상 신부는 민족의 화해와 평화를 위해 노력하는 사제였다. 1989년부터 정의구현사제단이 주최한 임진각에서 열린 '통일염원미사'에 해마다 참석했다.

이 미사는 첫째로 7천만 겨레의 통일 염원에 따른 것이고, 둘째로는 국민들에게 통일의식을 확산시키며, 셋째로는 우리 국민들이 그동안 잘못된 교육을 받고 북한 사람들을 적대시하고 저주했는데 이를 반성하자는 것입니다. 특히 북한을 저주하는데는 교회도

민족의 화해와 평화를 위해 정의구현사제단이 김병상 신부의 주례로 통일염원미사를 봉헌하고 있다(1991년 8월 16일, 임진각).

한몫 하지 않았습니까. 북한 사람들이 우리와 같은 형제인데도 저주하고 단죄해온 잘못을 속죄하고 용서를 구하자, 그리고 그들을 형제로서 포용하자, 이런 뜻이 담긴 것입니다. _ 김병상 신부 강론 자료, 1990~2017

2002년 10월 2일, 정의구현전국사제단은 대한항공편으로 서울-평양 서해직항로를 이용해 7박 8일간의 공식 방북일정에 들어갔다. 김병상 신부는 방문단의 단장을 맡아 역사적인 방북을 이끌었다. 성직자 43명과 수도자 19명, 평신도 41명 등 모두 103명의 대규모 대표단으로 구성된 방북단은 특히 그간의 지원 현황에 대한 점검과 함께 추후 지원과 관련해 조선가톨릭교협회 중앙위원장

2002년 10월 2~9일 남북평화통일을 기원하며 정의구현사제단 북한 방문단을 이끌고 평양을 방문하다.

장재언와 긴밀한 협의를 하였다. _「가톨릭신문」, 2002.10.06.

2002년 10월, 평양을 다녀왔다. 7일간 체류를 하였는데 4일을 경과하니 답답해서 호텔 교환원한테 미국으로 국제전화를 부탁하였다. 미국에 거주하는 조카 김영국과 통화를 하였다. 교환원은 5분 내에 미국과 연결 통화가 가능하다고 하였다. 교환원에게 질문하니 북에서 전 세계와 다 통화가 가능하다고 하였다. 다만 남한과는 불통이라고 하였다. 남한에서도 전 세계와 통화가능한데 같은 민족의 북한과는 불가능하다. 이것은 비극이다.

남북의 같은 민족, 같은 언어, 같은 문화로 5천년 살아도 동족과는 전화와 편지가 불통이다. 슬픈 비극이다. 분단 상태의 비용과

2002년 평양 장충성당에서 미사를 마치고 정의구현사제단과 북한 가톨릭 신자들이 함께 모였다.

불신이 아니라 상호교류, 협조, 왕래로 적대관계를 해소해야 한다. 전쟁 위험을 해소하고 상생 희생과 함께 발전을 해야 한다. 그러나 한국민은 북을 너무 증오한다. 용서와 화해, 조건 없는 사랑으로 도와주어야 하는데… _ 김병상 몬시뇰 일기, 2008.08.02.

김병상 신부는 남북 화해와 평화를 주제로 자주 강론을 하였다. 그가 강조한 '형제에 대한 사랑'은 신앙인이라면 당연히 가져야 할 덕목이었다.

북을 이해하고 사랑하자. 우리의 형제가 아닌가? 따라서 우리 남북은 서로 신뢰와 사랑으로 한 형제요. 오천년 역사의 단일민족이요, 언어와 말이 같은 문화와 역사를 갖고 있지 않은가. 우리는 서로 사랑해야 한다. 그리고 우리는 꼭 함께 살아 그동안 아픔을 품고 살아온 한 형제요 신앙 안에서 예수님의 같은 자녀임을 알아야 한다. 어떤 경우에도 이런 민족의 슬픔이 다시 물러가도록 하는데 우리 남북은 기도와 하느님의 도우심을 청하자. 나는 미사 참례한 모든 신자에게 간곡히 부탁했다. 우리 천주교 신자들만이라도 북을 끌어안고 사랑하는 데 주동자 역할을 함으로 희망의 불을 붙여야 한다. 하느님은 우리나라를 도우시리라 믿는다. 우리나라의 1만여 명의 순교자들이 하늘에서 기원해 주시리라 믿는다. _ 김병상 몬시뇰 일기. 2008.08.11.

3

인천의 버팀목으로

새로운 시민운동, 목요회

1970~80년대 가톨릭교회는 민주화운동의 중심지이며 갈 곳 없는 사람들의 피난처이기도 했다. 인천지역의 학생, 노동, 시민운동에 참여한 수많은 이들은 교회의 열린 문으로 들어와 함께했다.

김병상 신부에게 사회정의는 사제의 양심에 따른 신앙적 행위였듯이, 민주화운동에 헌신하는 수많은 사람들은 시대정신의 맨 앞에서 살아온 '익명의 그리스도인'이었다. 김병상 신부는 그들을 같은 길을 걸어가는 동지로 여겼으며 인천지역 민주화운동의 역사를 함께 써 갔다. 이러한 신뢰 관계는 김병상 신부가 1990년대 이후 시민운동단체인 '목요회', '실업극복 인천본부' 등 인천지역 시민운동의 지도자로 나서게 했다. 1970년대부터 한결같이 민주화운동의 여정을 함께 해온 사제였기에 사람들은 그를 믿고 따랐다.

6월항쟁 이후 많은 이들이 갈망하던 민주정부 수립의 뜻은 이루어지지 못했다. 인천지역 역시 패배의 상처가 깊었다. 누군가에 의해 새로운 시작이 필요했으며 김병상 신부는 그 출발점에 서 있었다. 인천지역의 신부, 목사, 교수, 변호사 등이 참여한 '목요회'는 1989년 6월 29일 창립되었다. 매월 마지막 주 목요일에 모인다고 해서 목요회라고 하였다. 김병상 신부는 회원 추대로 초대 대표를 맡았다. 목요회는 현재까지 이어지고 있다.

창립 후 목요회는 변호사, 의사, 약사, 문화예술인 등 각계 전문직 인사들이 결합하며, 지역의 제반 문제를 해결해가는 대표적 인천지역 시민단체로 자리 잡아갔다. _ '인천시민사회운동(4)-목요회', 「인천일보」, 1997.02.22.

> 인천지역의 소위 식자들이 '가만히 있기가 너무 미안하다' 그런 말들이 나왔어요. 그런데 또 식자들은 항상 보신을 잘하잖아요. 그래, 그러니까, 뭐라도 해야 한다. 그래 가지고서 언론인, 변호사, 의사, 교수들, 신부들, 종교인들 그렇게 해가지고 인천지역의 사회로부터 혜택 받아가며 밥술이나 먹는 사람들이 모여서 우리가 인천을 위해서 뭘 할 거냐? 그래서 제일 중요한 것은 '우리가 먼저 배우자. 두 번째로 인천의 젊은 단체들을 우리가 돈을 모아서 지원해 주자.' 그리고 세미나, 강연회를 많이 했어요. _ 「1970년대 민주화운동-김병상 신부 구술」

목요회의 역할 중 하나는 지역에서 일하는 시민사회단체 활동가를 돕는 일이었다. 김병상 신부는 지역 원로들이 적극적으로 나서도록 함으로써 시민운동의 선후배를 연결하는 가교 역할을 하였다.

> (지역 민주화운동단체에) 후원하자는 것은 두 가지야. 하나는 돈으로도 후원하고, 두 번째로는 그들한테 자문 역할도 하고, 또 우리들 스스로 자신들 스스로는 우리가 뭘 알고 이 세상 돌아가는 것을 알고 배우자는 그런 거지. _「1970년대 민주화운동-김병상 신부 구술」

김병상 신부는 목요회 회원들과 월례모임을 통해 지역문제를 논의하고 올바른 여론 형성을 위해 힘을 모았다. 회원들은 자신들이 가진 전문성을 바탕으로 시민상담소를 운영하기도 하였다.

인천지역의 지방자치, 환경, 의료, 교육 등 다양한 사회문제에 함께 하였다. 목요회는 선인학원 시립화, 계양산 살리기, 굴업도

1993년 만수1동성당에서 목요회 송년회를 마치고 회원들과 함께(뒷줄 가운데 김병상 신부, 앞줄 왼쪽에서 네 번째는 목요회 현재 회장인 오용호 신부).

핵폐기장대책위원회, 영흥도 화력발전소 건설 반대운동 등 지역 현안에 적극 대응하면서 지역시민사회와 연대하였다. 특히 김병상 신부는 인천지역의 비리사학인 선인학교를 시립화하는 데 많은 관심을 가지고 해결에 힘썼다.

> 선인학원 그 뭐고 하니 쉽게 얘기하면, 백인엽이가 백선엽이 동생 아니예요? 그 사람이 학교를 중고등학교 열 몇 개, 대학 뭐 해서 다 선인학원이예요. 근데 그 재단 집단이 부패해 가지고 완전히 선생들도 돈으로 팔고 사고, 또 학생들은 그냥 교실에다 막 몰아넣고, 또 막 12층에서 공부하는데 화장실도 없고 뭐 이래요. 그리고 부정이 이만저만이 아니예요. 교육 부조리, 부패의 온상이면서, 한국의 표본적인 사립재단의 하나, 부패 집단이예요. 그런데 백인엽이가 박정희하고 같이 군대 생활을 했기 때문에 누가

목요회 창립 20주년 기념식(2009년 6월 29일).

손을 못 대. 박정희 죽었잖어. 그래도 또 전두환이 또 누구여. 노태우가 또 군대. 그런데 인제 그 문제를 교수회의에서 제기를 했어요. 제기했는데. 그 지원, 협력을 다 목요회에서 많이 했지. 그러니까 교육혁명이야. 그래서 재단이 시립화가 되니까 거기 있는 선생이 사립학교 교사로서 정말 비인격적인 교사로 지내다가 시립화가 되면서 이제 공무원이 되잖아. 시공무원이 된 거야. 그러니까 그 학교가 이제 거기 있는 모든 선생들이 시공무원이 된 거야. 생각해 봐요. 사립학교의 부패한 막강한 세력에서 휘말려 가지고 고생하던 사람들이, 이제 시립화 공립화가 돼 가지고 선생님으로서 대접을 받으면서, 그 사람들은 아주 날개 돋힌 듯. 교육 부조리의 원흉인 부조리 교육집단이 제자리를 잡게 되면서 정말 생각해 봐. 그 전까지 우리가 그거를 바로잡기 위해서 계속 노력을 했죠. 그거는 굉장히 자랑스러운 일이고. 큰일을 한 거죠. _

「1970년대 민주화운동-김병상 신부 구술」

굴업도 핵폐기장을 막아내다

1994년 12월 22일, 김영삼 정부는 덕적도 앞 굴업도에 핵폐기장을 건설하겠다고 발표하였다. 최종 후보지 발표와 동시에 곧바로 덕적도에 전투경찰 1,500여 명을 상주시켰다. 인천 시민과 덕적도 주민들에게 핵폐기장 건설 필요성에 대한 설명과 동의 절차도 없었다. 주민들은 분노하였다.

진보·보수의 구분 없이 인천 시민사회단체들이 모여 '인천 앞바다 핵폐기장 대책 범시민협의회'이하 핵대협를 결성하였다. 종교계, 학계, 의료계, 법조계 등 수많은 이들이 모여 들었다. 인천 시민사회를 대표하는 김병상 신부는 핵대협의 상임대표를 맡았으며, 나길모 주교와 이학노 신부 등 교구 사제가 대거 참여했다.

인천교구의 단체들은 독자적으로 '천주교 핵폐기장 대책위'를 만들어 각 지구별로 설명회를 가지며 신자들에게 핵폐기장의 부당성을 알려 나갔다. _『천주교인천교구 민주화운동사』, 천주교인천교구, 2017.

덕적도는 1970년대 중반까지 덕적도성당에서 사목활동을 했던 최 분도 신부의 공덕비가 주민들에 의해 세워질 정도로 가톨릭교회에 대한 기대와 호응이 많았다. 서재송 공소회장 등 덕적도 신자들이 핵대협 활동에 적극적으로 참여하였다. 고령의 덕적도 주민들은 생업을 접고 합류할 정도로 열성적이었다. 덕적도 주민들로 구성된 덕적면 핵폐기장 반대대책위는 가톨릭회관 마당을 거점으로 반대운동을 지속적으로 전개하였다.

1995년 3월 15일, 가톨릭회관 주차장에 천막이 세워지고 주민들과 시민단체 회원들의 농성이 시작되었다. 대규모 궐기대회, 끊임없는 집회, 단식과 서명운동이 258일간이라는 오랜기간 동안 이어졌다. 집회 도중 덕적도 주민이 사망하는 사건이 생기기도 하였다. 김병상 신부는 상임대표로 핵폐기장 철회를 위해 교회와 사회를 잇는 커다란 역할을 하면서 핵폐기장 철회운동에서 인천

1995년 3월 인천 앞바다 핵폐기장 철회를 위한 백만인 서명운동 발대식에 참석한 김병상 신부.
ⓒ가톨릭평화신문

교구 신자들의 참여를 이끌어냈다.

1994년 12월에 정부가 서해 앞바다에 있는 굴업도에 핵폐기장을 건설한다고 발표했어요. 정부가 그전에 굴업도 지질 구조가 핵폐기장으로 부적격하다고 해 놓고는 백지화시키고 핵폐기장으로 굴업도를 다시 선정한 거야. 핵폐기물 처리장은 오랜 시간 동안 안정된 공간을 확보해야 하는데, 굴업도는 아직 활동을 하고 있는 활성단층이 있는 거야. 그래서 환경단체들이 문제제기를 했는데도 정부가 이를 무시한 거지. 만약 이런 곳에 핵폐기장을 설치하게 되면 언제 핵폐기물이 생태계로 누출될지 모르는 거잖아. 그러면 바다가 오염되고 인간이 오염되는 것은 너무도 자명한 사실이고.

동인천역 광장에 모인 굴업도와 덕적도의 주민들이 인천시민들과 함께 핵폐기장 철회를 위한 궐기대회를 하고 있다(1995년 4월 29일). ⓒ가톨릭평화신문

그래서 그때 '인천 앞바다 핵폐기장 대책 범시민협의회'를 결성하고 주민들과 함께 서울과 인천을 오가며 정부 방침에 적극 투쟁했어. 그리고 마침내 핵폐기장 건설계획을 막아냈지. 후손들에게 오염되지 않은 땅을 물려줄 수 있어서 다행스러워. 그리고 시민들의 단결로 정부의 잘못된 정책을 철회시킨 것에 자부심도 느끼고…… _「1970년대 민주화운동-김병상 신부 구술」

1995년 12월 16일 정부가 원자력위원회를 열어 폐기물처리장 지정고시 해제를 의결하면서 굴업도 핵폐기장 철회운동은 막을 내렸다. 타당성도 점검하지 않고 추진한 잘못된 국가 정책과 공권력 남용에 맞선 덕적도 주민들과 인천 시민들의 반대투쟁의 성과였다. 피해와 희생도 있었지만 핵폐기장 추진을 막아냈으며 그 중심에 김병상 신부가 있었다.

핵폐기장 철회 20주년 기념식(2015년 12월 16일). ⓒ기호일보

인간은 평등하다, 실업극복운동

노사제와 실업극복운동. 한평생 한국사회 민주화에 열정을 지피고 신념대로 행동해온 김병상 신부는 어떻게 '실업극복운동'에 나서게 된 것일까? 주안에 있는 실업극복국민운동 인천본부_{이하 실업극복인천본부} 사무실 3층 한켠에는 김병상 이사장의 방이 있다. 김병상 신부가 실업극복인천본부에 많은 애착을 가지고 있으며 창립 이래 지금까지 단체의 대표로 일하고 있었다는 것을 아는 사람은 많지 않다.

김병상 신부가 삶의 중요한 가치로 여긴 '민주주의' 문제는 가난하고 힘든 이들의 삶에서 가장 본질적인 문제였다. 민주주의의 요체가 '가난하든 부자든 인간은 누구나 평등하다'라는 점에서 볼 때 김병상 신부가 실업극복운동에 뛰어든 것은 당연한 일이었다. 인권의 사각지대에 있는 빈곤층의 문제를 외면하는 민주주의는 참된 민주주의라고 할 수 없기 때문이다. 김병상 신부가 평생 사목활동을 통해 맺은 다양한 인연이 또다시 큰 힘을 발휘하고 있었다.

지난 IMF, 1997년에 사람들이 부도도 맞고 실직도 했잖아, 그때 쓰러진 사람들을 어떻게 하면 도울 수 있을까 해서 궁리 끝에 만든 것이 바로 이곳이야. '실업극복인천본부'라고 하는데, 여기서는 주로 간병사를 길러서 병원에 파견해서 돈을 벌게 하고, 또 가사도우미도 양성하고 있어. 애기 있는 부인들은 직장 나가면 애기 때문에 고생을 하잖아. 그 사람들 애기 봐주는 일을 하지. 애기 엄마들이 일하면 얼마를 주기도 하고, 또 우리가 이런 일을 하면 노동부에서 또 지원을 해 줘요. _「기쁨과 희망」 06호.

1997년 말, 한국 정부는 국가부도 일보 직전의 상황에서 IMF에 구제금융을 요청하였다. 대기업의 부도가 연쇄적으로 발생하고 중소기업의 도산과 대량 실업사태로 이어졌다. 공단이 밀집한 인천은 전국 평균보다 30% 가량 높은 실업율로 10만 명이 넘는 실직자가 거리로 쏟아져 나왔다. 이때 인천지역의 64개 시민단체가 참여하여 만들어진 실업극복인천본부는 '실질적인 고통 분담', '고난의 상호 연대'란 구호 아래 실업 문제 해결을 위한 범시민운동의 구심점 역할을 자임하였다.

국가경제 위기상황에서 정부와 지방자치단체가 주도적으로 실업문제를 해결해야 함에도 시민사회가 적극적으로 나선 것은 이례적이었다. 실업극복운동본부를 이끌어가는 각 지역의 상임대표에 종교계와 학계의 대표들이 선출되었다. 인천지역에서는 김병상 신부가 천주교를 대표하여 상임대표를 맡았다.

시민사회단체를 대표했던 양재덕 상임집행위원장은 지역사회를 아우르며 실업극복운동을 이끌어갈 지도자가 필요했다. 그동안 인천지역사회운동을 대표하고 신망 받는 상징적 인물인 김병상 신부를 떠올렸다. 김병상 신부는 실업극본운동을 이끌어 달라는 시민사회의 부탁을 흔쾌하게 수락하였다.

실업극복인천본부는 1998년 11월 25일 겨울을 앞두고 '1만 세대 실직가정 겨울나기 사랑의 쌀 모으기 추진본부'를 구성, 사각지대에 놓인 극빈 실업자 긴급 구호에 사업을 집중했다.

쌀 모으기 사업의 기본 목표는 생계가 막막한 실업자 가정 1만 세대에 쌀 30㎏씩을 전달하는 것이었다. 실업극복인천본부는 인천시와 공동으로 실태조사를 벌여 확인한 저소득층 주민 5,500명과 추진본부를 방문해 접수한 주민 2,926명, 교육청이 확인한 결식아동 4,157명 등 총 12,583명을 지원 대상으로 선정했다. 실업극복인천본부는 12월부터 3개월간 1만 세대 실직가정 겨울나기 사업을 통해 쌀 348톤과 성금 1억 원 등 총 8억 4천여만 원을 모금하여 1만 936세대에 쌀과 난방비, 농협 상품권, 생필품을 지원하였다. _ '시민사회운동 20년(17)-IMF와 실업극복운동', 「인천일보」 2007.08.26.

관의 주도가 아니라 시민사회단체가 중심이 되어 1만 세대의 생계 지원을 해낸 성과는 놀라운 일이었다. 이러한 기적 같은 결과가 나오기까지 김병상 신부의 보이지 않는 노력이 있었다.

> 처음에 실업극복인천본부를 만들고 나서 시와 협력해서 실업자와 극빈층을 도우려고 하니까 시에서 긴장을 하고 견제를 했어요. 재야운동을 하는 시민단체가 주도하는 것에 대한 불신이 있

어서 그런지 시가 주도해서 따로 관변조직을 동원하고 인천지역 각 종단 대표를 만나 '실업대책협의회'를 만들어 우리보다 더 큰 조직을 만들었어요. 저희들은 이 사업이 시의 협조와 지원이 필요한 일이라 보았는데, 시장이 하는 처사를 보니 어려움이 생길 것이라고 보았습니다. 실업극복인천본부를 대표하는 공동대표들이 소극적으로 변하거나 빠지고 싶어 하는 눈치였어요.

그때 김병상 신부님이 나섰습니다. 어느날 신부님이 제안하여 송도의 한 음식점으로 시장과 경찰청장, 지역을 대표하는 인사들을 모시고 이야기를 나누었습니다. 실업극복인천본부에서는 인천지역 실업구제에 관한 자료들을 가지고 함께 해야 한다고 설득했습니다. 경찰청장도 실업극복인천본부에 이미 모금한 2천만 원을 기탁한다고 하고 이야기가 잘 되었지요. 결국 인천시도 나서고

민주노총인천본부가 실업극복인천본부에 빈민연대기금(실업사업기금 1천만 원, 강화쌀 222포대)을 전달하였다. 이사장으로서 감사인사를 하는 김병상 신부(2008년 2월 14일, 인천공설운동장).

시의회도 나서면서 열흘 만에 4천만 원이 넘는 돈과 쌀이 모아졌습니다. 이를 계기로 시민들의 참여가 확산되고 성공적인 활동을 할 수 있었습니다.
당시 신부님의 기획과 역할이 없었다면 1만 세대 지원 사업은 제대로 진행되지 못할 수도 있었어요. 그런데 신부님의 기지로 어려움을 극복한 것이죠. _ 양재덕, 2018.10.29. 면담자 한상욱.

이러한 민간 차원의 모범적인 실업극복운동 추진으로 실업극복인천본부와 김병상 신부는 1999년 12월 말, 대통령표창을 수상했다. _ 「인천일보」, 2000.01.04.

김병상 신부는 실업극복운동에 참여한 것에 대해 자긍심이 많다. 같이 일하는 사람들에게 자신이 해온 일 중에 '가장 재미있고 보람 있는 일'이었다고 말한다. 실업극복운동은 초기 직접적인 실업자 및 빈민층 지원운동에서 이후 자활기관과 사회적기업, 일자리 창출 등으로 성격이 변화하였다.

김병상 신부는 1998년 은퇴 이후에도 건강이 악화되기 전까지 각종 조찬모임과 회의, 체육대회, 세미나, 총회 등 공식 일정뿐만 아니라 일하는 활동가들을 격려하면서 오랜 시간을 함께 해왔다. 가난하고 실업의 고통에 빠져 있는 분들에 대한 김병상 신부의 사랑은 깊다. 실업극복인천본부 홈페이지의 인사말에는 이렇게 써 있다.

이분들의 주거비, 자녀교육비, 건강의료, 정신건강의 문화문제

등 당면한 문제는 산처럼 쌓여 있습니다.

이제는 우리 모두가 이분들에게 눈을 돌려야 합니다. 한 인간으로서 기본적 인권을 누릴 수 있는 생존권의 문제를 해결해야 합니다. 인천의 실업자들은 인천 시민이 자체적으로 해결합시다. 배고픈 사람에게 쌀 한 되, 몸이 아픈 사람에게 따뜻한 치료와 손길이, 정신이 흩어진 사람에게 영성치료를, 알코올 중독자에게 치료를 전시민의 총력전으로 하여 이들에게 희망을 주며 자활·자립할 수 있도록 지혜를 모아야 합니다. _ 김병상 신부, 실업극복 인천본부 홈페이지.

실업자 지원활동에 참여하는 사람들은 김병상 신부를 실업극복운동의 대표적 인사라고 말한다. 20년 가까이 오랜 시간을 함께 해온 사람들에게 김병상 신부는 어떤 분일까?

신부님은 보잘것없는 우리를 참 훌륭한 사람들이라고, 여러분 덕에 내가 하는 일도 없이 이사장으로 있을 수 있다고, 항상 우리를 대단한 사람들로 생각해 주셨습니다. 신부님 말씀에 괜히 우리는 우쭐하기도 했습니다.

항상 우리들 곁에 계셨고, 그냥 괜히 든든하였고, 뵈면 따뜻해졌고, 우리를 이유 없이 우쭐하게 해주셨고 꽤 근사한 사람인양 생각하게 해주셨습니다. 그래서 신부님과 항상 함께 하고 싶었습니다. 우리도 지역사회에 의미 있는 사람이 될 것 같았어요. _ 심옥빈, 2018.10.27. 면담자 한상욱.

가까이서 모셔보니 신부님은 사고가 유연하고 합리적이며 일을 잘 처리하는 능력 있는 분이었어요. 인천지역의 좌우를 잘 아우르는 지도력이 있으셨어요. 보수적인 분들과도 가깝게 지냈지만 재야의 원칙은 철저했죠. _ 양재덕, 2018.10.29. 면담자 한상욱.

김병상 신부와 직원들의 열정으로 실업극복인천본부는 전국적으로 유명한 기관이 되었고 정부로부터 인정받을 수 있었다. 1999년 이래 실업극복인천본부를 거쳐 간 실직자 등 상조회원은 4만 명이며 회비 3천원을 내는 회원은 2007년 현재 2천여 명이다.
_ '시민사회운동 20년- IMF와 실업극복운동', 「인천일보」, 2007.08.26.

인천의 구석진 곳곳에서 보이지 않는 존재로 가난하게 살아가던 수많은 이들이 실업극복국민운동 인천본부를 통해 새로운 삶의 희망을 찾을 수 있었다.

가난한 이들을 위한 우선적 선택

실업극복인천본부의 부평지원센터를 운영할 때의 일이었다. 그때 김병상 신부는 부평1동성당 주임신부로 사목하고 있었다. 그 즈음, 실업상태에 있는 가난한 이들이 부평 원적산 산비탈 아래 1천여 평의 자활농장을 일구었다. 부평농장의 왼편에는 열악한 소규모 공장들 틈바구니에 한센환자들의 허름한 거주지가 있었다. 당시 실업극복인천본부 부평지원센터장으로 일하던 안재환은 이사장인 김병상 신부를 찾아 지역 상황을 말씀드렸다.

어느 봄날, 신부님은 농장을 방문하시어 자활 참여자들의 여윈 손을 일일이 잡아 주시고 기도해 주셨습니다. 가난한 자들의 자존감도 신경 쓰시던 모습이 생생하게 기억납니다. 성당 건물의 신축으로 어려운 당시에, 한센환자와 독거노인들의 방 도배와 부엌 페인트 화장실 설치 지원금을 내주셨던 일들도 잊을 수가 없습니다. 가족들과 담당공무원들도 방문을 꺼리는 바람에 홀로 사는 한센 환자의 집은 말로 표현할 수 없는 상황이었습니다. 화장

> 실은 산 밑에 판자대기로 앞만 가린 상태였는데 변기와 문짝까지 설치하니 그럴듯한 신식 화장실이 만들어졌습니다. 할머니의 감사인사를 신부님에게 대신 말씀드리니 얼마나 좋아하셨는지. _ 안재환, 2018.10.30., 서면인터뷰 한상욱.

부평지원센터는 자활후견기관을 위탁받아 집수리사업단의 작업장을 마련하였는데 공교롭게도 부평1동성당에서 가까운 곳이었다. 집수리사업단에는 알코올중독이나 가족 해체로 정신적으로 어려운 참여자들이 많아 조용한 날이 없을 정도로 시끄러워 동네에서 언제 쫓겨날지 항상 불안하였다.

어느날 건물주가 건물이 팔렸으니 나가라는 연락이 왔다. 안재환 센터장은 '올 일이 왔구나' 하며 어디 가서 이만한 작업장을 마련할까 고민하던 차 뜻밖에도 건물의 새 주인이 부평1동성당이라는 것을 알게 되었다. 한걸음에 김병상 신부에게 달려가 상황을 말씀드리니 '가난한 노인들의 안식처로 쓰려고 매입했던 가옥인데 당분간은 집수리사업단 작업장으로 빌려 주겠다'며 흔쾌히 빌려 주셨다.

> 가난한 자들에게 사랑이 넘치신 김병상 신부님은 성당의 지하 식당을 가난한 이들의 송년잔치를 위해 내주시고 한 해의 고단함을 푸는 데도 신경을 써 주셨습니다. 지금도 원적산 공원을 산책하거나 부평1동성당 인근을 거닐 때면 신부님의 크신 품과 자상한 미소가 떠오릅니다. 신부님 너무나 고마웠습니다. _ 안재환, 2018.10.30., 서면인터뷰 한상욱.

몬시뇰로 서임되다

교황 요한 바오로 2세는 2003년 8월 14일자로 김병상 신부를 몬시뇰에 서임하였다. 몬시뇰Monsignor은 천주교에서 교황의 명예 전속 사제로 확정된 로마 가톨릭교회의 성직자에 대한 경칭이며, 지위는 아니다. 예전에는 로마 교황청의 고위 관료들 가운데 추기경이나 주교가 아닌 일반 사제를 지칭했는데, 오늘날에는 지역 교구장의 도움으로 주교품을 받지 않은 덕망 높은 본당 사제와 교회에 큰 공을 세운 원로 사제에게 부여하는 명예 칭호가 되었다. 김병상 신부가 몬시뇰에 서임된 것은 그동안 사목자로서 살아오면서 교회와 사회에 공헌한 것에 대한 교회의 신뢰와 보답이었을 것이다.

김병상 신부는 9월 24일 서임 소식을 주한 교황대사관으로부터 전달받았고, 이에 따라 인천교구는 10월 31일 오전 11시 답동 주교좌성당에서 서임 축하미사를 거행하였다. 이날 축하미사와 축하식은 성당 안을 가득 메운 800여명의 신자가 참여했다. 교구 사제단은 김병상 몬시뇰이 교황 요한 바오로 2세의 임명장을 수

여받자 뜨거운 박수를 보냈다.

최기산 주교는 강론에서 "김병상 몬시뇰은 그동안 본당사목은 물론 북방선교, 교회 밖에서도 사회복음화를 위해 많은 일을 해 오셨으며 앞으로 인천교구가 올바로 나아가는 데 몬시뇰의 풍부한 경험과 열정이 많은 도움이 되리라 기대한다"고 말했다.

김병상 몬시뇰의 동창인 대구 가톨릭대 교수 이강언 신부도 "건강상 이유로 오랫동안 휴학을 한 탓에 동창 신부들과 10여년 나이차가 나는데도 늘 허물없이 나이 어린 신부들을 대해 주셨으며 인천교구를 위해 동창 신부들께 보여주셨던 '큰형님' 역할을

2003년 8월 14일자로 몬시뇰로 임명된 김병상 신부의 몬시뇰서임 축하미사가 10월 31일 답동주교좌성당에서 교구장 최기산 주교 주례로 거행되었다.

김병상 신부는 본당사목, 북방선교, 사회복음화를 위해 많은 공헌을 하여 로마 교황청으로부터 몬시뇰 서임 임명장을 받았다.

해 주시길 바란다"고 축하했다.

교구 대표로 축사를 전한 조성교 총대리신부는 "몬시뇰은 신학교 공동체에서 '맏형'으로 사제들에게 언제나 가을처럼 넉넉한 모습으로 다가오셨던 분으로 교구 내 가장 연장자이시지만, 가슴 안에 있는 젊음을 마음껏 발휘해 주시길 바란다"고 말했다.

김병상 몬시뇰은 임명 소식을 듣고 "그동안 교회에서 특별히 잘한 일도 없지만 그래도 큰 실수는 하지 않았구나"라는 생각이 먼저 들었다"면서 소감을 밝혔다. 그리고 "가장 가까운 이웃에게 주님의 기쁨을 전하며 교회와 사회 발전을 위해 어떤 도움이 될 수 있을지 늘 생각하면서 작은 힘이 될 수 있도록 노력하겠다"고 말했다.

김병상 몬시뇰은 2004년 1월 25일 부평1동성당을 떠남으로써 일선 본당사목을 그만두고 학교법인 인천가톨릭학원 이사장 대리로서 2006년 11월까지 활동하였다.

답동주교좌성당에서 봉헌된 은퇴미사 후 답사를 하며 환하게 웃는 김병상 몬시뇰(2006년 11월 25일).

4

반걸음 앞서 걷다

교회 대전환기에 사제가 되다

청년 김병상이 다시 신학교에 입학한 1963년은 제2차 바티칸 공의회가 막 시작해 제1회기를 마친 때였다.

두 번의 참담한 세계대전을 거친 현대세계는 놀라운 속도로 변화하고 있었지만, 가톨릭교회는 변화에 둔감했다. 교황 요한 23세는 이제 가톨릭교회가 현대세계의 변화와 도전에 응답해야 한다는 생각에 제2차 바티칸공의회를 소집하였다. 회의 장소 이름을 붙이는 교회 관례에 따라 바티칸 시에서 열리는 두 번째 공의회, 제2차 바티칸공의회라 불리었다.

공의회는 전 세계 가톨릭교회의 모든 주교들이 참석하는 가톨릭교회의 가장 권위 있는 회의이다. 세계 모든 주교들이 한 곳에 모이는 회의이니, 회의 준비와 진행에 막대한 인력과 자원이 동원되어야 했다. 그러니 전임 교황 비오 12세와 차기 교황을 이어주는 징검다리 교황으로만 생각되었던 고령의 교황 요한 23세가 공의회를 소집하리라고는 아무도 짐작하지 못했다. 왜냐하면 11차례의 투표에도 교황이 선출되지 않자, 추기경들은 1958년 10월

28일 절충안으로 징검다리 교황으로 77세 고령의 요한 23세를 뽑았기 때문이다.

'쇄신'과 '적응'을 뜻하는 제2차 바티칸공의회의 모토, 아조르나멘토aggiornamento는 제2차 바티칸공의회가 무엇을 지향하는지를 분명히 보여주었다. 제2차 바티칸공의회는 1962년 10월부터 1965년 12월까지 약 3년 동안 열렸고, 4번의 회기가 있었다. 교황 요한 23세는 제1회기만 소집하고 선종하였고, 제2회기부터 폐막은 후임 교황인 바오로 6세가 이어받았다. 제2차 바티칸공의회의 성

본당신부로 처음 부임한 김포성당에서 열린 환영식의 김병상 신부 (1973년 9월 1일).

과는 4개 헌장, 9개 교령, 3개 선언에 담겼고, 문헌에 담긴 정신을 바탕으로 세계 가톨릭교회가 혁명에 가까운 변화를 시작하였다.

인천교구장 나길모 주교도 제2차 바티칸공의회에 참석했는데, 네 번의 모든 회기에는 참석하지 못하고 1962년 10월 제1회기와 1964년 9월 제3회기에 각각 참석하였다.

김병상 신부가 신학교에 재입학했을 때는 제2차 바티칸공의회가 한창 진행 중이었기 때문에 아직 신학교까지 변화의 바람이 불어오지는 않았다. 여전히 신학교에서는 전통 신학과 교리에 바

김포성당에서 첫영성체 어린이들과 함께.

탕을 둔 교육이 이루어졌고, 김병상 신부도 그 영향을 받았다. 하지만 제2차 바티칸공의회에 참석한 주교들에 의해 서서히 제2차 바티칸공의회에 불러온 변화는 한국천주교회의 각 교구에서도 시작되고 있었다.

1962년 10월, 제2차 바티칸공의회 제1회기의 의제는 전례 쇄신이었다. 이 회기에 참여해 전례 쇄신의 필요성을 절감한 나길모 주교는 인천교구에서도 전례 토착화를 추진하였다.

그때까지 미사는 우리말이 아니라 라틴어로 진행되었고, 제대는 제단 정면 벽에 붙어 있어서 사제가 신자를 향하지 않고 신자를 등지고 제대를 향해 미사를 봉헌하였다. 교회를 하느님 백성으로서의 공동체가 아니라 교황-주교-사제-평신도의 수직적 위계질서로 이해하고, 평신도를 구원의 대상으로만 여기는 교회관을 반영한 미사 형식이었다.

미사가 의미를 알 수 없는 라틴어로 진행됨에 따라 신자들이 온 마음으로 미사에 참여하기란 거의 불가능한 일이었다. 이는 우리나라만의 문제는 아니었다. 따라서 제2차 바티칸공의회 제1회기 때 전례 토착화의 필요성이 받아들여졌고, 무엇보다 자국어로 드리는 미사를 드리는 것을 허용해야 한다는 합의가 이루어졌다.

이에 따라 인천교구에서 가장 먼저 실천된 것은 1963년 2월의 '해설미사'였다. 사전 교육을 받은 미사 봉독자가 미사의 중요 부분을 설명해 주고 모국어 성가와 기도문을 병행하는 방식이었다. 이는 새로운 미사 경본이 나오기까지 최대한 전례 쇄신과 토착화를 실천하고자 하는 조치였다. 제2차 바티칸공의회의 전례 개혁을 반영한 새 미사 경본이 발표된 것은 1970년이었다. 이처럼 가톨릭교회가 미사 경본을 바꾼 것이 400년만의 일이니, 제2차 바티칸공의회로 말미암은 전례 쇄신이 얼마나 혁명적인 것인지 짐작할 수 있다.

나길모 주교는 제2차 바티칸공의회 제3회기에 참석하기 위해 로마로 떠나기 전, 1964년 8월 30일부터 미사 때 사제가 신자를 향해 미사를 봉헌하도록 하였다. 기존 미사 형식이 전통교회의 위계질서를 반영한 것이었다면, 제대를 가운데 두고 사제와 신자가 마주 보며 미사를 봉헌하는 새로운 전례 방식은 하느님 백성인 공동체로서의 교회를 상징하는 것이었다.

김병상 신부가 사제로 서품된 1969년은 이처럼 세계 가톨릭교회와 한국천주교회가 제2차 바티칸공의회의 정신에 따라 혁명적이라고 할 만한 변화를 시작하는 때였다. 1968년 강화도 심도직물사건을 계기로 인천교구를 포함한 한국천주교회 전체가 사회문제에 대해 공식 발언과 참여를 하는 등 김병상 신부가 사제로 서품된 1969년은 인천교구도 제2차 바티칸공의회 정신을 적극 실천하기 시작하던 시기였다.

인천교구와 본당의 자립을 실현하다

1969년 12월 13일 서품된 김병상 신부가 처음 부임한 곳은 답동주교좌성당이었다. 1970년 1월 1일에 답동성당 보좌신부로 부임한 김병상 신부는 1971년 8월 24일까지 약 1년 8개월 동안 사목활동을 하다가 8월 25일 사무국장으로 임명되었다. 이후 사무국장은 상서국장으로 이름이 바뀐다.

아직 교구청 체계로 갖추어지지 않고 오로지 교구청 부서가 사무국만 존재하던 상황에서 사무국장은 교구 행정 전반을 총괄하는 자리였고, 그때까지 그 역할은 주로 메리놀외방전교회 미국 사제들이 담당해 오고 있었다.

김병상 신부가 사무국장으로 선임된 때는 인천교구 설정 10주년을 몇 달 남겨 두지 않은 때였다. 하지만 아직 인천교구는 재정과 활동 사제 수에서 메리놀외방전교회에게서 자립하지 못하고 있었다. 사제 수만 보아도, 김병상 신부가 사무국장으로 임명된 1971년 말 사제 총수 30명 가운데 한국 사제는 10명으로 미국 사제 20명의 절반밖에 되지 않았다. 하지만 한국인 사제의 수가 해마다 늘어나고 있었고, 언제까지 메리놀외방전교회에 의존할 수 없었다.

메리놀외방전교회의 지원으로부터 자립하기 위한 구체적 노력이 시작되었다. 인천교구는 교구 설정 20주년을 맞는 1982년에 교구 완전 자립을 이룬다는 목표로 교구설정 10주년을 맞는 1972년부터 시행하는 '제1차 인천교구 발전 3개년계획'을 발표하였다. 10년에 걸쳐 교구 자립 기반을 다지기 위함이었다. 인천교구 발전 3개년계획은 제2차 바티칸공의회 정신을 반영한 사제와 신자 대상 재교육, 1982년 교구 완전자립을 위한 준비, 교구 행정과 문서 통일을 위한 조직 일원화 등을 목표로 삼았다.

1972년부터 1975년까지의 제1차 인천교구 발전 3개년 계획은 1971년 말에 수립되었으나, 이후 교구 참사회, 준비위원회에서 토론을 거치면서 현실에 맞게 수정되어 1973년 7월에 최종안이 발표되었다. 그만큼 계획의 목표를 반드시 달성하겠다는 의지가 강했다. 김병상 신부는 상서국장으로서 인천교구 발전 3개년계획 수립과 시행을 주도하였다.

교구 자립을 위해서는 본당 자립도 함께 이루어져야 한다. 그동안 교구 운영뿐만 아니라 본당 운영도 교구 지원 또는 본당사제로 부임한 메리놀외방전교회 미국 사제의 개인적 재원 조달에 힘입어 운영되어 왔기 때문에, 신자들의 의식을 바꾸어 스스로 본당 재정을 책임지려는 자세와 실천을 이끌어내야 했다. 이 같은 자립을 통해 일상적인 성당 운영은 물론 성당 시설 증개축과 같은 특별 재정도 성당 신자의 힘으로 해결할 수 있어야 한다. 답동성당의 창문 보수공사가 그 시작이었다.

　김병상 신부는 답동성당 설립 90주년을 앞두고 숙원사업의 하나였던 창문 보수공사를 시작하였다. 성당을 세운 지 50년이 지나 나무로 된 창문들이 썩어 보수공사가 필요한 상황이었다. 김병상 신부는 단순히 창문틀을 교체하는 데 머무르지 않고, 고딕 양식 성당에 어울리는 스테인드글라스를 설치하고자 했다. 원래 1차와 2차로 나누어 답동성당을 건축한 프랑스 신부들도 스테인드글라스를 설치하고자 했으나 당시의 자금 사정 때문에 보통 유리의 나무 창틀을 달았다.

　당시 5,500만 원이나 되는 공사비 때문에 신자들 사이에서도 찬반이 갈리는 등 어려움이 있었으나, 김병상 신부는 신자들

답동성당 성모회 회원들과 함께 야외미사 기념품으로 받은 플라스틱 바가지를 쓴 김병상 신부.

을 설득해 공사를 추진하면서 신자들로부터 성금을 모았다. 공사가 시작되자 신자들은 200원에서 500원에 이르기까지 성의껏 공사비를 봉헌하였고, 이러한 정성이 모여 공사비를 충당하고도 1,700여만 원이 남았다. 김병상 신부는 공사비 잔액을 포함한 1,800만 원을 들여 대형 전자 오르간을 장만하였다.

이로써 답동성당은 주교좌성당으로서의 문화예술적 완성도를 더욱 높이게 되었다. 새롭게 설치된 스테인드글라스는 미술평론가인 답동성당 교우 이경성의 자문을 받았다. 제대부 뒤쪽 창문 15개는 장미 문양으로, 성당 내부 좌우측 창문 각 8개는 신약성서와 구약성서의 주요 장면을 주제로 장식하였다.

문턱 없는 열린 교회

사회와 조직의 변화는 의식 변화로부터 시작될 수 있고, 의식 변화는 교육을 통해서 이루어질 수 있다. 그래서 인천교구 발전 3개년 계획에서 무엇보다 사제와 신자에 대한 교육을 강조했지만, 아직 인천교구에는 그 같은 교육을 진행할만한 장소가 없었다. 각종 교구 회의, 교구 단체의 모임 장소도 마땅치 않았다. 이 같은 현실 때문에 인천교구 발전 3개년 계획의 일환으로 답동 가톨릭회관 건립을 추진하였다.

공공장소의 부족은 비단 천주교 인천교구만의 문제가 아니었다. 인천시 전체에 공공시설이 턱없이 부족했다. 대규모 행사를 하기 위해서 극장이나 대규모 식당을 빌리곤 하였다. 이러한 사정을 고려해 가톨릭회관은 처음부터 교회 울타리 안이 아니라 신포시장 건너편 도로변에 세워졌다. 신자들 뿐 아니라 모든 시민이 편안하게 출입할 수 있도록 한 것이다.

당시로서는 인천지역 최고의 시설을 갖춘 가톨릭회관은 1971년 5월 7일 착공해서 1973년 10월 14일 축복식을 가졌고 12월 15

일 개관하였다. 공사에 약 9천만 원이 들었고, 지하 1층·지상 5층·연건평 871.9평의 규모였다. 특히 5층의 대강당은 무대와 계단식 의자 배열로 강연, 연극 등 다양한 문화, 학술 행사가 가능한 시설이었고, 6층은 숙소를 갖추어 숙박 교육이나 행사가 가능하게 되었다.

무엇보다 가톨릭회관 건립이 의미 있었던 것은 1982년 교구 완전 자립을 목표로 삼은 인천교구가 외부 지원 없이 건립했다는 점이다. 가톨릭회관이 외부 지원 없이 신자 모금으로 공사비가 마련되어 건립됨으로써 교구 자립의 가능성을 확인할 수 있었다.

가톨릭회관은 제2차 바티칸공의회가 내세운 열린 교회를 상징하였다. 인천교구는 가톨릭회관을 일반 시민들도 이용할 수 있게 개방함으로써 제2차 바티칸공의회가 천명한 세상을 향해 열린 교회상을 실현하였다. 회관의 첫 이용자는 가톨릭 관계자가 아니라 인천 YMCA였고, 개관 첫 해인 1973년만 보더라도 인천교구 행사는 6회에 그쳤지만 일반 행사가 79회로 압도적으로 많았다.

이처럼 열린 교회를 지향하는 김병상 신부의 사목 실천은 본당사목에서도 줄곧 이루어졌다. 김병상 신부는 첫 주임사제로 부임한 김포성당의 운동장 일부를 테니스장으로 만들어 지역주민에게도 개방하였다. 1970년대 중반만 해도 학교 운동장을 제외하고는 일반인이 이용할 수 있는 체육시설이 거의 없던 때였다. 더구나 관리가 까다로운 테니스장은 더 말할 나위없었다. 성당 시설을 지역주민들에게 개방한 것은 가톨릭회관 개방과 마찬가지로 제2차 바티칸공의회의 정신대로 열린 교회공동체를 지향하는 모습이었다.

답동성당에서 사목할 때는 가톨릭회관이 있었기 때문에, 성당 차원에서 지역주민에게 성당시설을 적극 개방할 필요성이 없었다. 답동성당 주임신부와 총대리신부를 거쳐 1987년 주안1동성당 주임신부로 부임한 김병상 신부는 인천지역 시민사회단체가 주최하는 각종 행사장으로 성당을 적극 개방하였다. 주안1동성당은 교통이 편하고 시내 중심에 있어서 각종 행사의 최적지였기 때문이다.

만수1동성당 주임 때에는 환경과 먹을거리에 대한 관심이 높아진 시대 흐름을 반영해서 생활협동조합 매장을 열었다. 1996년 10월부터 사제관 1층 뒤편에 약 12평 규모의 생활협동조합 매장을 신축해 운영하였는데, 비신자들도 이용할 수 있어서 지역주민으로부터도 좋은 반응을 얻었다.

우리 농촌과 환경을 살리기 위해 운영한 만수1동성당 생협 매장

새롭게 여는 문화사목 지평

　김병상 신부가 부임한 당시 주안1동성당은 교통이 편리하고 시내 중심에 위치해서 접근성이 좋은 성당이었다. 성전과 부대시설도 다른 성당에 비해 크고 넓은 편이었다. 김병상 신부는 이 같은 주안1동성당의 여건을 최대한 활용해서 성당 교육관에서 다양한 문화교양프로그램을 운영하여 열린 교회상을 실현하였다. 그 전까지 주로 신앙교육에 머물렀던 성당 교육내용을 확대해 다양한 문화교양프로그램을 운영한 것이다.

　1990년 4월 8일에 문을 연 주안1동성당 교육관에서는 서예·독서·한문·일어·수화·기타교실, 건강반, 지점토 공예, 꽃꽂이반 등 다양한 강좌가 열렸다. 강사는 신자 중 전문가를 활용함으로써 평신도사도직 활성화에도 기여하였다. 나아가 비신자 지역주민도 자유롭게 참여할 수 있도록 문화교양강좌를 개방하였다. 성당 신자들에게는 물론 지역주민에게 문화교양프로그램을 제공하는 문화사목은 당시로는 이례적인 것이었고 시대를 앞서가는 교회의 역할이었다.

김병상 신부는 문화사목의 전문성과 지속성을 위해 주안1동성당에 문화위원회를 설치해 문화교양프로그램뿐만 아니라 다양한 문화행사를 개최하였다. 1992년 6월 11일에는 제1회 건전가요 및 동요제, 9월 26일에는 순교 현양 칸타타 행사를 개최하였다.

만수1동성당에 부임한 뒤에도 문화사목에 대한 관심은 이어졌다. 신축 수녀원 1층에 문화원을 마련하고, '효과적인 부모 역할 훈련', 수족침 강좌, 한글교실 등을 개설하면서 부분적으로 운영하기 시작한 문화원을 1994년부터 본격적으로 운영하기 시작하였다. 문화사목을 위한 시설과 인력을 확충해서 지속성과 전문성을 확보하는 김병상 신부의 사목방식은 만수1동성당에서 그대로 이어졌다. 문화원 운영은 수녀 1명이 전담하도록 하였고, 주보 홍

제1회 국악미사곡발표회에서 주안동성당 세시리아 어머니성가대와 함께(1991년 6월 8일).

보를 통해 효도대학과 문화원의 각종 강좌의 교사로서 봉사할 사람들을 모집하였다. 그 결과 한문·서예교실, 꽃꽂이 강좌, 에어로빅교실, 지점토 강좌, 방학 중 어린이 에어로빅·사진·동양화 강좌, 비디오 대여 사업, '효과적인 부모 역할 훈련' 강좌, 어린이 영어교실, 학생 대상 겨울방학 특강 '문학 강의 및 작문 기초' 등을 순차적으로 개설하였다. 이러한 다양한 문화원 활동은 만수1동성당의 '새로운 양 찾기'운동과 연계해 선교에도 긍정적인 영향을 미쳤다.

    시설 여건과 성당 사정 때문에 부평1동성당에서는 이전 성당에 비해 활발한 문화사목이 이루어지지 못했다. 하지만 김병상 신부는 그때그때 필요한 다양한 문화프로그램을 마련하고자 노력하였다. 성당 설립 10주년을 기념해 2003년 11월 16일 인천종합문화예술회관 대공연장에서 연 자선음악회가 그 예이다. 자선음악회는 성당 건축 등 10년간 성당을 위해 애쓴 신자들에게 고마움을 전하고 지역주민과의 화합을 도모하면서 어려운 이웃을 돕는 후원금을 모으기 위한 행사였다.

인천가톨릭사회복지회 활성화

김병상 신부는 1980년 2월 총대리신부로 부임하면서 인천가톨릭사회복지회 5대 회장을 맡았다. 인천가톨릭사회복지회는 1967년 6월 20일 인천교구의 위임을 받아 메리놀수녀회 전 마가렛 수녀가 초대 회장으로 취임하면서 시작되었다. 1976년 1월 3대 회장 송주석 신부가 취임하면서 인천교구가 직접 운영하기 시작하였고, 김병상 신부는 총대리신부로 임명되면서 4대 회장 이준희 신부에 이어 5대 회장으로 취임하였다.

인천교구의 재정 자립이 이루어지기는 했지만, 아직 충분하지 않은 재정 탓에 사회복지활동을 위한 재원을 마련하는 데 어려움이 많았다.

김병상 신부는 인천교구 사회복지활동 재원 마련을 위해 1981년 2월 4일 '사랑의 등불' 후원회를 발족하였다. 가능한 많은 신자들이 나눔운동에 동참할 수 있도록 각 성당에 처음으로 사순절 저금통을 배포해 사순절 기간 동안 그리스도의 고난에 동참하는 뜻에서 근검절약해 모은 돈을 부활절 이후에 봉헌하도록 하였다.

김병상 신부는 매월 1회 '사랑의 등불' 후원회원을 위한 월례 미사를 직접 집전하였고, 참석 회원이 점점 늘어서 5층 강당의 좌석이 모자랄 정도였다.

인천가톨릭사회복지회는 1984년 5월 1일 사랑의 등불 상담전화를 개통하였는데, 전화상담은 인천에서 처음 이루어지는 것이어서 신자가 아닌 일반 시민들에게도 큰 호응을 얻었다. 또한 전문적인 봉사자 양성을 위해 1984년 6월 제1기 전화상담봉사자 교육도 시작하였다.

1984년 7월 1일부터는 무료 법률상담도 시작하였는데, 상담은 신자 변호사들이 자원봉사로 나섰다. 또 1985년부터 청소년 장학사업을 시작하는 등 사회복지활동 영역을 하나 둘 넓혀 나갔다.

답동성당 바자회에서 경품 추첨을 하는 김병상 신부.

김병상 신부 이임 직전인 1987년 1월에는 안정적인 수익사업으로 '카리타스 성물센터'를 개점하였다.

　재정 마련을 위한 사랑의 자선 바자회도 해마다 답동성당 마당에서 열었는데, 신자는 물론 일반 시민들이 많이 와서 10가마 분량의 녹두빈대떡이 팔릴 정도로 성황리에 치러졌다. 사랑의 등불 후원회는 김병상 신부의 이 같은 노력에 힘입어 성지순례를 갈 때는 전세버스 10대를 대절해야 할 정도로 활성화되었다.

성당 사회복지회를 만들다

 김병상 신부는 부임 성당마다 다양한 사회복지활동을 벌였는데, 교구 사회복지회처럼 성당에 전문적인 사회복지회를 만든 것은 만수1동성당이 처음이었다. 김병상 신부는 1998년 10월 11일 만수1동성당 사회복지회를 공식적으로 시작하였는데, 이는 성당 사회복지 활동을 체계화하고 지역사회의 가난하고 소외된 이웃에게 실질적인 도움을 제공하고자 함이었다.
 그 동안 성당 사회복지활동은 사회복지분과, 빈첸시오회 등의 단체들을 통해 비전문적으로 이루어졌기 때문에 역량 분산 등으로 말미암아 생활비 보조, 장학금 지급 등과 같은 단편적인 사업에 머무를 수밖에 없었다. 김병상 신부는 성당 사회복지회를 신설하면서 전용 사무실을 마련하고, 전담 수녀와 유급 전담직원을 두었다.
 부평1동성당에 부임한 김병상 신부는 새천년을 앞둔 1999년 12월 12일 자선주일을 맞아 만수1동성당 때처럼 성당 사회복지회를 발족하였다. 성당은 물론 종교의 벽을 넘어 생활의 어려움을 겪고 있는 이들을 찾아 도움을 주고 사랑의 손길을 전해 주고자 출범한 사회복지회는 부평1동성당이 새천년을 맞아 준비한 역점 사업이었다. 김병상 신부는 전담수녀와 운영위원들을 선임하고 성당 사무실에 전화봉사자를 상근시켰다.

김병상 신부가 부평1동성당에서 새롭게 시도한 것은 매주 주보에 성당 사회복지회 활동 소식을 싣는 것에서 한걸음 나아가, 2002년 11월말부터는 매월 사회복지신문 1만 부를 발행해 복지대상자와 후원자를 연결해주고 복지활동, 각종 후원내역, 후원금 사용내역 등을 투명하게 공개하였다.

김병상 신부는 「경향잡지」 2004년 12월호에 부평1동성당에서의 사회복지활동에 대해 다음과 같이 소개하고 있다.

> 나는 내가 가는 본당마다 사회복지 전담조직과 사무실을 두었어요. 신부가 있는 곳은 언제 어디나 자선운동, 인권운동을 해야 한

김병상 신부는 적극적인 홍보활동을 통해 본당 신자들이 사회복지활동에 참여하도록 했다.

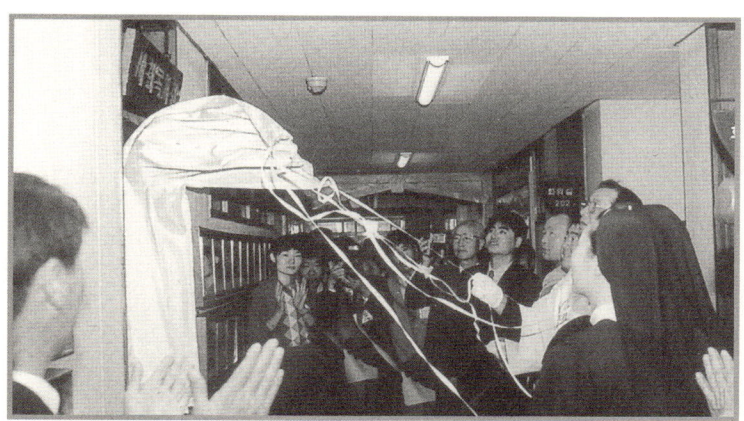
성당사회복지회의 전문화를 위해 사무실을 개소하고 전담직원을 배치하였다. 축복식을 주례하는 김병상 신부.

다고 강조하고, 자선사업에 투자를 많이 했죠. 작년까지 있었던 부평1동성당을 예로 들면, 그곳도 재정이 넉넉하지는 않았어요. 오히려 빚이 굉장히 많은 본당이었지요. 당연히 사회복지사업을 시작할 때도 "빚부터 갚아야지, 우리 사정도 어려운데 무슨 자선이냐?"며 반대하는 사람이 많았지요. 그들을 설득하려고 이런 말을 했습니다. "우리가 빚을 갚고 넉넉해진 다음에 먹을 것을 나누어주겠다고 하면, 배고픈 사람은 그동안 굶어죽습니다. 우리가 가진 것의 10%만 모아서 내어주면 되지 않겠습니까?"
그래서 먼저 본당에 행려자들을 위한 상설 급식소부터 만들고, 재개발지역에 사는 독거노인들에게 도시락 배달을 시작했지요. 신자들이 모은 기금으로 영세민들의 의료비 지원, 장애인 차량 봉사도 하고요. 내가 넉넉하든 그렇지 않든 간에 '배고픈 사람 먼저', 그것이 첫째 원칙이에요. 『경향잡지』 2004년 12월호, 27쪽.

영원한 젊은이의 벗

　김병상 신부는 회갑미사 때 늘 젊은이들과 대화하려고 노력했다고 고백할 정도로 청년사목에 깊은 관심을 가지고 있었다. 김병상 신부는 서품 다음해인 1970년 6월부터 약 2년 동안 그리고 1976년 1월부터 인천교구가톨릭대학생연합회 지도신부를 맡는 등 대학생과 청년사목에 힘을 쏟았다.
　1975년 12월 답동성당 주임신부로 부임한 김병상 신부는 사제관 1층 응접실을 개조해서 독서실로 만들었다. 집집마다 개인 공부방이 따로 없어서 사설 공부방이 성행하던 때였다. 사설 공부방은 적지 않은 이용료를 내야 했으니 가난한 학생들에게는 그림의 떡이었다. 답동성당 독서실은 인근 학생들에게 큰 인기를 누렸는데, 이는 사설 공부방보다 싸면서도 매력적인 공간이었기 때문이었다.
　김병상 신부는 당시 신자들이 출입조차 꺼리는 정도로 신성시된 사제관을 과감히 독서실로 내주는 데 그치지 않았다. 사제관을 드나들 때 수시로 독서실에 들러 학생들에게 간식도 주곤 했다. 이러한 분위기 탓에 독서실에 다닌 고등학생 대부분은 고등학교 졸업 뒤 성당 대학생회나 노엘청년성가대에 가입하였다.

또한 주교좌성당과 도심성당의 특성상 나이든 신자가 상대적으로 많아 젊은이들이 위축될까 대학생회와 노엘청년성가대에 대한 지원을 많이 했다. 1977년 2학기부터 1년간 답동성당 대학생회 회장이었던 노희민 미카엘은 당시를 이렇게 회고한다.

> 김병상 신부님이 정의구현사제단 활동을 하셔서 그땐 본당에 정보과 형사 한 명이 상주하다시피 했어요. 누가 신부님을 찾아오고 만나는지, 언제 어디를 가시는지 감시하고, 미사 때는 맨 뒤에 앉아 강론내용을 적어서 보고했어요. 저희 대학생회 회합실에도 불쑥불쑥 들어오곤 했어요. 화도 내고 항의도 했지만 소용없었어요. 그때는 그런 시절이었으니까요.
>
> 신부님은 나이든 사람은 나서지 못하니 젊은이들이 현실을 직시하고 옳은 일에 나서야 한다고 늘 말씀하셨어요. 성당에 형사가 상주하다시피 하니, 저희는 성당 회합실보다는 집집마다 돌아가며 해방신학 등 독서토론을 하거나 시국토론을 했어요. 2층 신부님 방 앞에 손님방이 있었는데 방학 때면 거의 저희 차지였어요. 거기 모여서 밤새 성당 대학생회 축제(까만 곰의 축제) 때 상연할 연극 공연을 준비하고 독서토론을 하기도 했어요. 그러다가 신부님 방에 있는 양주나 양담배를 몰래 갖다 마시고 피웠어요. 신부님은 그때나 지금이나 술 담배를 안 하시지만 신자들이 선물하면 받아두었는데, 저희가 몰래 꺼내 먹는 걸 알면서도 모르는 척 해

주셨어요.

당시는 공연을 하려면 대본이나 포스터를 사전검열 받아야 했어요. 그래서 노골적이지 않아도 시대를 풍자하는 내용의 연극을 올렸어요. 신부님이 신자들도 보면 좋겠다고 하셔서 축제가 끝나고 토요일과 일요일에 성당 성전에서 공연하곤 했어요.

그런데 신부님이 1977년 유신철폐기도회를 했다고 잡혀갔어요. 저희는 잔뜩 긴장했고 감히 다른 행동은 못하고 성모상 앞에 모여 석방을 위해 묵주기도를 했어요. 얼마 뒤 석방된 김 신부님은 정말 담담하게 말씀하셨어요. '덕분에 좋은 구경과 경험을 했다, 그래도 신부라고 대우해줘서 큰 어려움이 없었다'고 하시더라고요. 이듬해에는 1년 후배가 시국 관련 전단지를 뿌리다가 연행되었는데, 신부님은 저희와 함께 면회를 가셨어요.

신부님은 저를 포함해 가정형편이 안 좋은 친구들을 늘 챙기셨어요. 일거리를 만들어서 시키고 용돈을 주셨어요. 성당 돈이 아니라 개인 돈으로요. 최근까지 신부님을 가끔 만나는데, 그때나 지금이나 사제로서의 삶과 시국관에는 변함이 없으세요. 우리는 변했는데 신부님은 변하지 않으세요. 정말 대단하세요. _ 노희민, 2018.10.08., 면담자 박영대

청년사목에 대한 김병상 신부의 관심은 '공동체 지향'에 대한 지원으로 나타났다. 공동체 지향은 청년사목의 부재를 안타깝게 생각하던 4명의 천주교인천교구청년회 회원들이 청년교리교육 연구와 실천을 위해 발족한 단체였고, 처음에는 사무실을 주안5

동성당에 두었다.

공동체 지향은 청년 예비자교리교육교재 시안을 개발하고, 이를 적용한 청년예비자교리반 운영, 월보 「참 삶을 찾아가는 지향」 발간 등의 활동을 펼쳤다. 그런데 주안5동성당 주임사제였던 호인수 신부의 백령도성당 발령 뒤 공동체 지향이 사무실 공간에 어려움을 겪는다는 소식을 들은 김병상 신부는 주안1동성당 안에 사무실을 제공하였다.

주안1동성당으로 사무실을 옮긴 공동체 지향은 1989년 총회에서 모임 이름을 가톨릭민중교육연구회로 바꾸고, 좀 더 전문적인 단체로 발전하고자 하였고, 그 일환으로 6월 12일부터 7월 20일까지 제1기 성서대학을 개최하는 등의 활동을 하였다. 이 같은 지원을 바탕으로 가톨릭민중교육연구회는 이후 실천하는 성서공동체 청년예수, 우리신학연구실을 거쳐 우리신학연구소 창립으로까지 이어졌다.

신학생들의 요람, 주안1동성당

김병상 신부가 주안1동성당에 부임하면서 눈에 띄게 달라진 것은 신학생이 급증한 점이었다. 1986년 처음 이재학, 정봉, 신배곤 신학생이 신학교에 입학하였고, 해마다 신학교 입학이 줄을 이어서 가장 많았던 1991년에는 17명의 신학생이 있어서 제주교구보다도 신학생이 많았다. 이처럼 신학생이 크게 늘어나게 된 데는 김병상 신부의 신학생 양성방식이 크게 영향을 미쳤다.

김병상 신부는 방학 때 신학생들이 성당활동에 매이지 않고 다양한 현장체험을 할 수 있게 했다. 이에 따라 신학생들은 난지도 쓰레기매립장, 농촌봉사활동, 공장 취업, 성당 시설 보수 등에 단체 또는 개인 차원에서 약 한 달 동안 참여하곤 하였다. 당시 신학생이었던 김일회 신부는 당시를 다음과 같이 회고한다.

> 김병상 신부님은 신학생들이 가난한 사람들의 현실을 알아야 하고, 그 사람들의 눈으로 세상을 볼 수 있어야 한다고 강조했어요. 말로만 하신 게 아니라 방학 때가 되면 신학생들이 가난의 현장

2018년 10월 김병상 몬시뇰과 함께 미사 봉헌하는 주안1동성당 출신 사제와 부제(왼쪽부터 오흥서 부제, 이재학 신부, 김병상 몬시뇰, 김일회 신부, 정봉 신부, 이재규 신부).

을 체험할 수 있도록 보내셨어요.

저에게 가장 기억에 남는 것은 난지도 쓰레기매립장에서 일할 때였어요. 우리는 난지도 어린이집에서 먹고 자면서 아침부터 쓰레기를 주웠어요. 점심은 도시락을 싸 가지고 가서 쓰레기장에서 먹었어요. 한번은 한 할머니에게 욕을 들은 적이 있어요. 세상에 이런 욕도 있구나 할 정도의 심한 욕이었어요. 발단은 쓰레기매립장의 질서를 모르는 내가 감히 박스를 주었기 때문이었죠. 병이나 박스처럼 돈을 많이 받을 수 있는 건 매립장의 고참들 몫이었는데 감히 그 귀한 박스를 멋대로 주웠다가 그런 사단이 난 거죠.

처음에는 냄새도 나고 먼지도 많아서 견디기 힘들었는데, 나중에는 유통기한 지난 음료수가 있으면 자연스럽게 따 먹게 되더라고요. 현장체험활동 뒤에는 개인 보고서를 쓰고 평가회를 가졌어요. 체험 자체가 중요한 게 아니라 그 의미를 되새기도록 한 거죠.

체험활동을 하지 않을 때도 본당 소유의 개인주택에서 공동생활을 했어요. 아침 일찍 모여 공동기도를 하고, 페인트칠과 전등 교체 등 본당에 필요한 일도 하면서 지냈어요. 이렇게 본당 신학생 활동이 눈에 보이니 관심을 갖는 청소년이 많게 되어 자연스럽게 성소자가 늘어났다고 봐요. _ 김일회 신부, 2018.09.27., 면담자 박영대

주안동성당 신학생들과 함께(왼쪽부터 오흥서, 안광일, 신배곤, 안석배, 김병상 신부, 이재규, 김일회, 이승현, 이재천).

교구 조직을 혁신하다

　김병상 신부가 총대리로 부임한 1980년은 교구 자립을 위해 교구 조직이 정비되던 때였다. 사도직의 내용과 방법이 다양해짐에 따라 전문화된 기구의 프로그램 개발과 교육이 필요해서 1980년 2월 28일 사목국과 교육원이 설립되었다. 사목국은 주로 성인신자 사목과 교육을 담당하고, 교육원은 청소년과 대학생의 사목과 교육을 담당하였다. 이에 따라 인천교구청은 사무처, 사목국, 교육원, 사회복지회 등 4개 기구가 업무를 분담 수행하였다.

　교구청 조직 신설과 함께 관할 지구도 다시 조정하였다. 기존의 인천 시내, 부평·소사, 김포·강화, 도서지구라는 명칭을 제1, 제2, 제3, 제4지구로 개칭하였다. 또한 1980년 10월 28일에는 개편 인천교구청 조직에 맞게 직원들에게 직위를 부여하고 업무 분장을 하였다.

　김병상 신부는 교구청 조직이 원활하게 운영되기 위해서는 교구청 직원의 자질과 사기가 중요하다고 생각해 교구청 직원들의 교육과 복지도 적극 챙겼다. 먼저 교구청 직원교육을 위해 2개 그

룹으로 나누어 '영원한 도움의 성모 수녀회' 주관의 가톨릭성서모임을 시작했으나, 근무시간에 했기 때문에 업무를 이유로 참석하지 못하거나 준비를 못 하는 등 제대로 이루어지지 않자 성서 읽기로 전환하였다. 교구청 직원들은 매일 하루 일과를 시작하기 전에 모여 함께 기도하였는데, 이때 성서 통독을 하도록 권유하였다. 이렇게 시작된 성서 통독은 김병상 신부가 총대리신부로 재임하는 동안 구약과 신약 전체를 두 번 완독하는 성과를 거두었다. 김병상 신부는 성서 통독을 마치면 떡을 해서 나누는 책거리를 열어 직원들을 격려하였다.

이밖에도 김병상 신부는 늘어나는 교구청 직원의 복지를 위해 여러 모로 배려하였다. 정기적인 봄·가을 야유회 또는 성지순례, 연 1회 직원 피정을 시작하고, 월례 직원미사를 매주 1회 미사로 바꾼 것도 김병상 신부였다. 직원 영명축일 축하파티를 열어주었고, 1982년부터는 직원식당을 마련해서 점심을 제공하기 시작하였다. 당시 교구청 직원들은 지금도 나길모 주교의 정기 휴가 때 주교관에서 열었던 스파게티 파티를 잊을 수 없다고 입을 모은다.

이처럼 김병상 신부가 교구청 직원들을 배려하고 지원하였기 때문에 교구청 직원들도 김병상 신부가 하고자 하는 일들에 적극 함께 하였다. 동일방직사건 때도 당시 주교관 1층에 있던 교구청 사무실에서 유인물을 찍었다. 이것이 정보기관에 알려지면서 당시 사무처 직원이었던 이영미 씨는 경찰에 임의동행 형식으로 조사 받기도 하였다. 김병상 신부는 이러한 사실에 대해 항의 전화를 하였다.

김병상 신부는 여러 모로 교구청 직원들을 살뜰히 챙겼다고 직원으로 근무했던 이들은 입을 모은다.

> 김병상 신부님은 교구청 직원들 모두를 챙겼지만 특히 여직원들을 잘 챙기셨어요. 한번은 아는 분이 용현동 굴다리 근처에 수제화 가게를 열었다고 여직원 모두에게 구두를 맞춰주시기도 했어요. 막 시작한 아는 분의 사업도 돕고 여직원들 사기도 높이고, 신부님은 늘 그런 식으로 하셨어요. 총대리신부님을 그만둔 뒤에도 저희 직원들과 자주 만나며 도와주셨어요. 주교관 주방에서 일하던 분이 은퇴 뒤 노점을 열어 떡볶이 장사를 시작하셨는데, 성당 주일학교 교사들을 무더기로 데려와서 매상을 올려주셨어요. 한마디로 정이 많으신 분이에요.
> 신부님은 스케일이 크셔서 교구에서 일하실 때나 본당사목을 하실 때 행사를 했다하면 대규모 행사였어요. 총대리를 하실 때 아직 성당 차원에서 성지순례를 하지 않을 때라 교구 차원에서 순례단을 모집해 버스 30대 넘게 성지순례를 가기도 했죠. 이렇게 큰 행사를 할 때마다 신부님은 주방 등 안 보이는 곳에서 일하는 봉사자들을 잘 챙겨주셨어요. 그래서 늘 인기 만점이었고 신부님이 하시는 일이라면 모두 팔 걷어붙이고 나섰어요. _ 안영희. 2018.10.22., 면담자 박영대.

평신도여 사도가 되자

김병상 신부는 상서국장으로서 2년 동안 인천교구 발전 3개년 계획 수립과 실천에 힘쓰다가 1973년 9월 1일 김포성당 주임사제로 부임하자, 무엇보다 신자교육에 관심을 기울였다. 평신도사도직 활성화를 위해서는 무엇보다 신자교육이 중요하다는 생각 때문이었다. 김병상 신부는 교구에서 추진하는 신자재교육에 김포성당 신자들이 참여하도록 적극 권유하고 성당 자체의 신자재교육도 적극 추진하였다.

1973년 10월 14일 김포성당이 답동성당과 함께 인천교구 성년 순례성당으로 지정되면서 김병상 신부는 1973년 11월 18일부터 21일까지 본당 전신자 피정을, 21일부터 23일까지 공소신자 피정을 하였으며, 1974년에도 학생, 청장년, 부인회, 교리교사 등 대상별 피정을 하였다.

이처럼 김병상 신부는 여건이 허락하는 대로 신자교육을 다양하게 실시하였다. 평신도사도직 활성화는 교육에서 시작된다는 것을 잘 알고 있었기 때문이다.

제2차 바티칸공의회는 평신도사도직을 강조하면서 개인 사도직뿐만 아니라 단체 사도직의 중요성을 강조하였다. 이에 따라 제2차 바티칸공의회 이후 다양한 평신도사도직단체들이 창립되었다. 이 같은 평신도사도직단체들의 중심에는 인천교구평신도사도직협의회이하 인천교구평협가 있었다.

인천교구평협은 1979년 3월 18일 답동 가톨릭회관에서 각 성당 평신도 대표 40명이 참석한 가운데 창립되었다. 당시 답동성당 주임신부였던 김병상 신부는 인천교구평협의 초대 지도신부를 맡았고, 1980년 총대리신부로 부임한 뒤에는 인천교구평협을 중심으로 추진된 다양한 직능별 교구 평신도사도직 단체의 창립을 적극 지원하였다.

이와 같은 지원에 힘입어 1979년 12월 2일 가톨릭의사회, 12월 14일 가톨릭약사회가, 1980년 3월에는 인천교구여성연합회와 가톨릭간호사회, 5월에는 성 빈첸시오 아 바오로회 인천중앙이사회, 12월에는 인천교구가톨릭교사회가 각각 창립하였다.

김병상 신부는 인천교구가톨릭여성연합회 초대 지도신부를 맡았고, 인천교구가톨릭여성연합회는 인천가톨릭사회복지회가 주관한 사랑의 자선 바자회를 적극 지원하기도 하였다.

1985년에는 6월 18일 가톨릭인천법조인회, 6월 19일 가톨릭실업인회가 각각 창립하였는데, 김병상 신부는 이 두 단체의 지도신부를 맡았다.

인천교구 25년사 편찬

총대리신부로서 김병상 신부가 추진했던 일 가운데 하나는 1986년 인천교구 설정 25주년을 맞이하면서 인천교구 25년사를 정리하는 일이었다. 체계적인 자료 정리가 되어 있지 않은 상황에서 곧바로 25년사를 서술하는 것은 어려웠다. 김병상 신부는 우선 가톨릭회관 내에 자료실을 마련하고, 실무자를 두어 관련 자료를 수집 정리하였다.

이렇게 수집된 가치있는 1차 자료들은 한국교회사연구소로 이관되어 제1집 『인천교구의 전사』, 제2집 『파리외방전교회 선교사 서한집』, 제3집 『인천교구 25년』, 제4집 『교세통계표·부록·연표』 등 4권의 자료집이 발간되었다. 김병상 신부의 기초작업이 결실을 거두어 『인천교구사』가 발간된 것은 1991년 1월이었다.

이 과정에서 김병상 신부는 교회역사의 기본 자료가 제대로 기록 보존되지 않고 있음을 절실히 느꼈다. 이를 개선하기 위해 김병상 신부는 교회일지 양식을 마련하고, 각 성당에서 매일 교회일지를 작성하도록 하였다.

김병상 신부의 교회 역사에 대한 관심은 본당사목을 할 때에도 이어져, 주안1동성당 설정 25주년인 1988년을 맞아 주안1동성당 25년사를 발간하였고, 1999년에는 만수1동성당 10년사를 발간하였다.

김병상 신부는 교구 25주년을 맞아 인천교구사를 편찬하기 위해 자료 수집을 하였다. 이는 4권의 자료집과 『인천교구사』 발간으로 결실을 맺었다.

이승훈 묘역을 성역화하다

어렸을 적부터 교우촌인 요골에서 어머니로부터 순교자들 이야기를 들으며 자란 김병상 신부에게 순교자 공경은 너무나 자연스러운 것이었다. 총대리로서 한국 천주교 창립 200주년을 준비하던 김병상 신부는 인천교구 200주년 기념 준비위원회의 주관으로, 두 권으로 구성된 전면 컬러화보집 『성지』성요셉출판사 · 동림문화사 발행를 제작하였다. 이 책은 김병상 신부가 주관 신부, 오기선 신부가 감수 책임을 맡아 1982년 초 발행되었다.

이 책은 교회사가 오기선 신부가 보유한 자료와 사진들을 바탕으로 전문 취재반이 1년 6개월 동안 197개 성지를 현장 답사해 엮었다. 따라서 한국 성지안내서의 고전이라 할 수 있을 만큼 귀중한 사진 자료와 역사적 고증 자료들이 풍부하게 실려 있어 이후의 성지 관련 책자들이 상당부분 참조한 교과서적인 안내서가 되고 있다.

또한 총대리였던 김병상 신부는 인천교구 설정 25주년 사업의 하나로 이승훈 묘역 성역화사업을 추진하였다. 한국 최초의 영세자인 이승훈은 1801년 서소문 밖에서 참수 당하였는데, 후손들이 이승훈의 유해를 선산인 인천 장수동 반주골에 안장하였다. 한국 천주교회는 이 같은 사실을 몰랐고, 이승훈 후손들만 선조의 묘를 오갔다. 이를 처음 확인한 사람은 오기선 신부였다.

천진암성역화위원회는 이승훈 후손과 협의를 거쳐 1981년 11월에 이승훈 묘를 천진암으로 이장하였다. 그때 이승훈 묘소를 열어보니 이미 유해가 삭아서 흙으로 변했기 때문에 지석과 묘토만 일부 수습했다. 조선시대의 접시를 이용한 지석에는 순교 날짜, 생년월일, 성명 등이 적혀 있었다.

이승훈 묘역은 1981년 이장 이후 제대로 관리되지 않고 있었다. 김병상 신부는 이승훈 묘역 성역화를 인천교구설정 25주년 기념사업으로 추진하기로 하고, 1986년 10월 19일 기공식을 가졌지만 꾸준히 추진되지 못해, 1993년 김병상 신부가 만수1동성당에 부임했을 때는 입구조차도 찾을 수 없게 된 상황이었다.

김병상 신부는 만수1동성당 차원에서 이승훈 묘역을 성지로 조성하고자 하였다. 이러한 김병상 신부의 뜻에 따라, 80여 명의 성당 사목위원과 남성 신자들은 길조차 없어진 이승훈 묘를 오르내리며 정비작업을 진행하였다. 꾸준한 작업을 통해 진입로를 넓혀 누구나 쉽게 성지를 찾아올 수 있도록 하고, 묘역으로 가는 길에 십자가의 길 14처를 만들었으며, 묘역에 야외 미사는 물론 지역주민들이 이용할 수 있는 휴식공간을 조성하였다. 하지만 그 뒤에도 진입로가 계속 훼손되어 반영구적인 시설물이 필요하다는 판단 아래, 진입로를 철도 침목을 이용한 계단식 통로로 단장하였다.

　이처럼 이승훈 묘역과 가는 길이 정리되자 김병상 신부는 1995년 9월 24일 「인천주보」의 본당 소식란과 교구 소식란을 통해 이승훈 묘로 가는 길을 안내하면서 본당 신자들은 물론 교구 신자들이 이승훈 묘역을 순례하도록 권장하였다.

　이밖에도 김병상 신부는 만수1동성당 사목 시절인 1997년 4월 27일 가천문화재단과 인천문화원이 주관하고 남동구청과 만수1동성당이 후원하는 '베드로 이승훈 선생 추모행사'를 개최하였다. 또 만수1동성당 신자들은 1997년 10월초 인천시민의 날을 맞이하여 이승훈의 순교를 재현하는 가장행렬을 준비해 시가행진에 참여하기도 하였다.

배움에는 끝이 없다, 효도대학

　김병상 신부는 성당에서 사목할 때 노인들에 각별히 관심을 가지고 배려하였다. 이는 주안1동성당에 부임하면서 효도대학을 설립하는 데서 분명하게 드러났다. 김병상 신부는 60세 이상이면 신자 여부와 상관없이 누구나 참여할 수 있는 효도대학을 1990년 9월 17일 개교하였다. 효도대학은 생일잔치, 운동회, 추수감사제 등 다양한 프로그램을 진행하였다.

　김병상 신부는 만수1동성당에 부임해서도 1994년 효도대학을 설립하였다. 효도대학은 "학교생활을 통하여 변천하는 세상에 적응하기 위한 지식과 더불어 사는 지혜를 얻어 실천함으로써 가정과 교회 공동체와 지역사회 안에서 어른으로서의 인격을 함양하고 자신과 이웃의 참된 행복을 창조해 간다"는 취지였다.

　119명이 참여한 1기 효도대학은 봄·가을 소풍, 생일잔치, 특별활동, 졸업여행, 예술제, 노래자랑, 미인대회, 음식 만들기 등의 다채로운 프로그램으로 진행되었다. 또한 온돌 문화에 익숙한 효도대학 수강생들에게 편의를 제공하고 문화원을 다목적으로 이용하기 위해 1995년 3월 문화원 바닥을 축열식 전기온돌로 개조하기도 하였다.

　김병상 신부가 주안1동성당에서 사목할 때 노인들을 위해 관심을 기울인 것은 연령회 활동이었다. 김병상 신부는 옛 성전 건물을 연령회 활동 공간으로 내어주는 등 적극적인 지원을 하였다. 이에 힘입어 다른 성당과 달리 40대와 50대 초반으로 구성된 연령회는 장례용품을 싼 값에 제공하는 등 활발한 활동을 하였다. 다음은 「경향잡지」 1988년 3월호에 소개된 주안1동성당의 연령회 활동이다.

본당신부로 활동하면서 노인사목에 큰 관심을 갖고 부임하는 성당마다 효도대학을 만들었다(1990년 9월 17일, 주안1동성당 효도대학 개교 미사).

가난한 신자 가정 중 상을 당했을 경우, 연령회 회원들은 지체 없이 찾아가 거저 봉사해 준다. 단순히 허드렛일을 거드는 정도가 아니다. 회원들 손수 염을 하는 것은 물론 상복 등 일체의 상구를 서울 도매상에서 값싸게 구입하여 직접 바느질을 하는 등 내 일처럼 돌봐주고 있다. 이렇게 장례 절차 일체를 돌봐주자 한번은 '인천장의협회'라는 곳에서 불끈 성당으로 몰려왔다. 그렇게 염가로 상구를 제공해 주면 자기들은 어떻게 먹고 살겠느냐며 강력한 항의를 해온 것이다. 그러나 성당 측에서 볼 때는 장의사들이 폭리를 취해도 이건 너무 엄청나다고 생각되었다. 연령회 회원들이 도매상에서 상구를 직접 구입해 본 결과 그러한 점이 확인된 것이다. 타 공동체에 비하여 이곳 연령회의 특징은 비단 헌신적인

효도대학에서는 다양한 교육프로그램은 물론 행사를 마련하였다. 늙음의 아름다움을 뽐내는 미인선발대회도 그 중 하나였다.

봉사만이 아니다. 회원들 대개가 40대에서 50대 초반의 신자들로 구성되어 있다는 점이다. 여기에는 그 나름대로 이유가 있다. 나이가 지긋한 분들이니 자신들의 무료함을 달래기 위해서 상가나 돌봐준다는 오해를 없애기 위해서이다.

이같이 상가를 방문하여 헌신적으로 도와주는 가운데 회원들은 봉사도 봉사지만 무엇보다도 주검 앞에서 자신의 죽음을 깊이 묵상해 볼 수 있는 좋은 기회가 되기도 한다. 또 한편으로는 이들의 봉사활동에 감동을 받고 교회를 찾는 유가족들도 적지 않다. 연령회의 이러한 사랑의 손길은 앞으로 어떠한 어려움이 닥치더라도 결코 멈추지 않을 것이다. 가난한 사람의 아픔에 특별한 관심을 쏟는 것은 바로 그리스도의 분부이기 때문이다. _「경향잡지」 1988년 3월호 60~61쪽.

가족신앙공동체를 응원하다

　김병상 신부는 모든 가족이 함께 신앙생활을 할 수 있도록 부임 성당마다 다양한 사목 시도를 했다. 외짝교우 교리교육도 그 중 하나였다. 첫 사목성당인 답동성당에 부임한 다음해 1976년 사순절을 맞아 부부 가운데 한 명만 신자인 사람이나, 가족 중에 혼자만 세례를 받지 않은 사람들을 위한 외짝교우 교리반을 열었다. 이 교리반은 통상 6개월 이상 진행하는 정식 예비신자교리와 달리 단기간 교리로 이루어졌기 때문에 가족 중 비신자가 있는 신자들로부터 큰 환영을 받았다.

　1979년 5월 20일 답동성당에서 이루어진 합동결혼식도 김병상 신부가 시도한 특이한 사목활동이었다. 김병상 신부는 경제적 이유 등 여러 이유로 결혼식을 미루어지거나 하지 못한 부부들에게 결혼식을 마련해 주기 위해 합동결혼식을 성당 사목회와 구반장회가 주관하도록 하였다. 결혼식을 통해 비신자 포함 6쌍의 부부가 화촉을 밝혔다.

　만수1동성당 시절에는 1993년 5월 30일부터 2주 동안 주보 홍보를 통해 혼인 장애자들이 혼인 장애를 해소하고 정상적인 신앙생활을 할 수 있도록 하는 한편, 1993년 9월 10일부터 1994년 2월 6일까지 외짝교우를 위한 특별교리반을 운영함으로써 외짝교우들이 가족과 함께 신앙생활을 할 수 있도록 하였다. 이 교리반은 여러 모로 특이했는데 보통 세례를 앞두고 대부모를 정하는 것과 달리 교리반을 시작하면서 대부모를 미리 정하도록 하였다. 또한 이미 세례를 받은 배우자를 포함해 부부가 함께 참석하도록 하였다. 김병상 신부는 직접 교리반을 지도함으로써 적극적인 관심을 보였다.

구역반공동체에 매진하다

 김병상 신부는 평신도사도직 활성화를 위해서는 반공동체의 활성화가 반드시 필요하다고 생각하였다. 성당 단체는 신자들이 참여하는 데 여러 제한이 있어서, 모든 신자들이 동네에서 모이는 반공동체에 참여하도록 한 것이었다.
 이를 위해 주안1동성당에서는 1987년 9월 8일, '복되신 동정녀 마리아 성탄축일'에 각 반별로 레지오 마리애 쁘레시디움을 창단하였다. 김병상 신부가 부임하기 전 주안1동성당에는 각 구역별로 쁘레시디움이 있었는데, 이를 반별 쁘레시디움으로 창단하면서 23개 쁘레시디움이 반별 쁘레시디움 74, 남성 쁘레시디움 3개, 청년 쁘레시디움 2개 등 총 79개로 크게 늘어났다. 특히 김병상 신부는 매월 열리는 남성 구역모임에 직접 참석해 남성 신자들의 참석을 적극 유도하는 등 남성 구역모임 활성화를 위해 노력하였다.
 「경향잡지」 1988년 3월호는 인천 주안1동성당의 소공동체 활성화를 위한 노력을 다음과 같이 소개하고 있다.

이곳 공동체는 도시 본당 치고도 규모가 상당히 큰 편에 속한다. 따라서 자칫하면 신자들 간에 '나와 너'의 관계에서 머물 뿐, '우리'라는 공동체 의식이 흐려지기 십상이다.

그러나 이러한 우려를 말끔히 씻을 수 있는 계기를 마련하였다. 다름 아닌 레지오 마리애를 통한 소공동체의 활성화이다. 그 노력은 마침내 작년 9월 8일 복되신 동정녀 마리아 성탄 축일에 구체화되었다. 기존의 레지오 23개 쁘레시디움을 각 구역 반별로 64개로 확장하여 그날을 본당레지오 마리애 창단 기념일로 정하고 축하 미사를 봉헌하였다. 본당 관할구역 전체를 성모님을 통하여 하느님께 봉헌하고자 한 것이다. …… 이렇게 각 반별로 레지오 마리애를 조직한 것은 무엇보다도 지역사회와 밀착한 교회가 되자는 데 있다. 지역사회를 스스로 외면하는 본당은 교회의 존재

구역반공동체 활성화를 위해 각 구역과 반을 찾아가 미사를 드렸다.

이유를 망각하는 것이기 때문이다. 지역주민들과 하나 되기 위한 노력은 비단 레지오 단원들의 열정적인 활동에 그치는 게 아니다. 본당 차원에서는 정기적인 불우이웃돕기 이외에도 가난한 학생들을 위한 장학사업을 벌이고, 음악회에 성당의 공간을 제공하는 등 참으로 다양하다. _「경향잡지」, 1998년 3월호.

김병상 신부는 만수1동성당에서도 구역반공동체를 활성화시키기 위해 노력하였다. 남성구역모임을 신설하기 위해 남성 구역장을 임명하고 월례회의를 갖는 등의 노력을 기울였지만, 남성 구역장 및 남성 신자들의 관심과 참여 부족으로 제대로 추진되지 못하였다.

1997년에는 3월부터 11월까지 구역 활성화와 전 신자 재교육의 일환으로 '성 안드레아 피정의 집'에서 총 21회 여성 14회, 남성 7회의 구역별 신자 피정을 실시하였다. 김병상 신부, 이재학 신부, 성당 수녀, 성당 직원 등 모두가 구역 활성화를 위해 1997년 9월 26일부터 10월 10일까지 각 구역을 방문하기도 하였다.

1998년에 들어서면서 김병상 신부는 구역 활성화를 본당사목의 중점 목표 가운데 하나로 정하고, 이를 위해 성당 수녀와 직원들로 하여금 연중 구역 방문을 하도록 하였다. 다음해 2월 25일부터 3월 27일까지는 김병상 신부, 정봉 신부, 성당 수녀, 성당 직원들이 구역을 나누어 방문하였다.

새로운 양, 잃은 양 찾기

만수1동성당에 부임한 김병상 신부의 가장 대표적인 사목은 '잃은 양 찾기운동'과 '새로운 양 찾기운동'이었다. 적극적 선교운동인 새로운 양 찾기운동보다 냉담자 회두운동인 잃은 양 찾기운동이 먼저 시작되었는데, 이는 1994년 12월 13일 사제 서품 25주년 은경축을 맞은 김병상 신부가 '은경축 행사에서 일체의 물적 축하 예물을 받지 않을 것이며 외부 인사를 초대하지 않겠다'는 뜻을 밝힌 것이 계기가 되었다. 이에 만수1동성당사목협의회는 신자들의 정성을 모은 영적 예물을 드리자고 의견을 모으고, 잃은 양 찾기운동 등 김병상 신부 은경축 기념 3대 사업을 추진하기로 하였다.

이에 따라 냉담자로 분류된 1,300명의 92%인 1,206명을 방문하였고, 이 중 32%인 406명이 다시 신앙생활을 하겠다는 긍정적인 반응을 보였다. 실제로 상당수의 냉담자들이 5년, 10년, 15년만에 고해성사를 보는 일이 일어났다. 한편 「평화신문」과 「가톨릭신문」이 12월 11일에 일제히 만수1동성당의 잃은 양 찾기운동을 보도하였고, 「가톨릭신문」이 12월 18일에 "냉담자 회두에 나서자"는 제목의 사설을 싣는 등 만수1동성당의 잃은 양 찾기운동은 교회 안에 큰 반향을 일으켰다.

잃은 양 찾기운동에 이어, 1995년 2월 만수1동성당사목협의회 정례회의에서 적극적인 선교 방법인 새로운 양 찾기운동을 전개하자는 의견이 제시되었다. 그러나 많은 사목위원들이 개신교식의 적극적인 선교 방법은 가톨릭 정서와 맞지 않는다는 이유 등을 들어 반대하였다. 김병상 신부는 새로운 양 찾기운동 계획을

만수1동성당 잃은 양 찾기운동을 알리는 현수막(1994년 12월 5일). ⓒ가톨릭평화신문

검토하고 나서, 한 달 뒤인 3월 본당사목협의회 정례회의에서 이 운동을 구체적으로 추진할 것을 권고하였다. 만수1동성당 사목위원들은 찬반 격론 끝에 일단 2천 명의 예비신자를 입교시킨다는 목표 아래 새로운 양 찾기운동을 추진하기로 하였다.

새로운 양 찾기 운동은 성서에 나오는 다양한 기도 방법, 40일 금식기도, 21일 고리기도, 개인별 금식기도 등을 추진한 기도운동이다. 신자들의 선교 의식 고취를 위해서 '모이면 기도하고 흩어지면 전교하자'를 공식 표어로 정했고, 현수막으로 제작하여 성전 안에 게시하였다. 또한 미사 중 평화의 인사 시간 때에 "평화를 빕니다"라는 인사말 대신에 "기도하며 전교합시다"라는 인사말을 나눴다.

만수1동성당 사목 당시 '새로운 양 찾기운동'을 통해 신자들과 함께 열성적 선교활동을 펼쳐 1995년 6월 28일 410명이 입교하고, 다음해 1월 21일 481명이 세례를 받았다.

김병상 신부는 기회가 있을 때마다 새로운 양 찾기운동에서 중요한 것은 많은 예비신자를 입교시키는 것이 아니라 우리 자신의 선교 의식과 신앙생활을 쇄신하는 것이라고 강조하며, 마음속으로 선교 대상자를 정하고 수시로 기도하라고 권고하였다.

적극적인 선교를 위해 입교식을 알리는 선교 포스터, "천주교에서 당신을 초대합니다"라는 문구의 현수막, 인천교구에서 발행한 전교 소책자 『당신을 초대합니다』 등 다양한 홍보 수단이 동원되었다. 만수1동본당사목협의회는 신자들 가운데 자원한 사람들을 모아 매주 주일미사를 전후해서 가두선교 활동을 벌였다.

새로운 선교운동의 시작은 순탄하진 않았지만, 1995년 6월 25일 입교식에 410명의 예비신자가 참석하는 놀라운 성과를 거두었다. 목표한 2천 명은 아니었지만, 한 본당에서 한번에 400명이 넘게 입교한 예는 찾아볼 수 없을 정도로 큰 성과였다. 「가톨릭신문」이 1995년 7월 9일에 "성과 큰 '새로운 양 찾기'"라는 제목의 사설을 싣는 등 높게 평가하는 보도를 내며 교회 안에 큰 반향을 일으키기도 했다. 새로운 양 찾기운동과 잃은 양 찾기운동이라는 표현도 한국천주교회에서 적극적 선교운동과 냉담자 회두운동을 가리키는 표현으로 널리 사용하게 되었다.

6·25발발 45주년을 맞았던 지난 6월 25일 주일 오후 2시 인천의 어느 본당에서 개최한 예비자 입교예절 행사는 우리 모든 신앙인들에게 '전교야말로 신자들의 근본임무'임을 다시 한 번 일깨워주고 있다.

인천 만수1동본당(주임 김병상 신부)은 이날 4백70여 명이라는 많은 입교 희망자를 비롯, 이들을 인도해 온 인도자, 그리고 1천여 명의 일반신자 등 모두 2천여 명이 함께 모여 예비자입교식을 가진 것이다. 본당사목협의회를 중심으로 전 신자들이 3개월여 동안 다양하고 치밀한 준비작업 끝에 이뤄진 이른바 '새로운 양 찾기' 운동의 일차적인 결실이요 성과였다.

신자들의 내적 쇄신과 전교활동에 초점을 맞춘 만수1동본당의 '새로운 양 찾기' 운동은 사목위원 주축의 추진위원회를 구성하고 구역·반조직 활용, 제반 신심단체들의 적극적인 참여 유도 등 조직적인 활동으로 입교자를 찾아나섰다. 이에 앞서 5주간에 걸쳐 전교 전문가 초빙 신자교육을 실시함으로써 보다 효과적인 전교활동을 준비했다.

특히 조직적인 전교활동과 더불어 전신자들의 기도운동을 병행 실시한 것이 돋보인다. 매 미사와 회합 때의 특별기도는 물론 40일 금식기도, 6월 10일부터 3주 동안 매일 24시간 전신자 교대로 끊임없이 기도가 이어진 21일 고리기도 등은 4백70여 명의 예비자 확보라는 가시적 성과와 함께 전신자들에게 전교에 대한 새로운 자세를 갖게 해 준 원동력이 됐다고 한다.

또한 이들 예비자들을 42개 반으로 나눠 각 반마다 1명씩의 봉사자를 선정해 영세 때까지 제반 신앙생활을 안내하고 이끌어주고 있어 눈길을 끈다. 내년 1월로 예정된 영세식까지 6개월여의 기존 예비자교리교육 방식이 지닌 단점을 보완하는 소공동체 형식으로 진행한다는 것이다.

본당사목자는 "처음 시도하는 운동이고 내년 최종 영세자 수가 얼마나 될지 등 변수가 있어 아직 어떤 평가를 내릴 수 있을지는 미지수"라고 조심스레 진단하고 있지만 이번 운동은 분명 본당 단위 전교활동의 모범사례로 꼽힐만하다고 본다.
중도탈락자를 방지하기 위한 노력과 함께 예비자모집 활동도 계속해 나갈 것으로 알려진 만수1동본당의 '새로운 양 찾기'운동이 더 좋은 아이디어가 첨가되면서 전국으로 확산돼 나가길 소망해 본다. 전교활동 역시 노력하면 된다는 사실은 이미 입증됐다. _「가톨릭신문」, 사설, 1995.07.09.

이렇게 모집된 예비신자 교리교육은 소공동체 교리교육으로 이어졌고, 대부분의 입교자들이 탈락자 없이 세례를 받았다. 1996년 1월 21일 유아 109명을 포함한 481명의 예비신자가 세례를 받았다. 이날 세례식에는 주한 교황대사 조반니 블라이티스 대주교도 참석해 만수1동성당의 새로운 양 찾기운동에 대한 깊은 관심을 보여주었다. 이후에도 김병상 신부는 해마다 잃은 양 찾기운동과 새로운 양 찾기운동을 지속하였다.

전국으로 퍼진 전교의 새로운 모범

만수1동성당의 '새로운 양 찾기 · 잃은 양 찾기'운동은 가톨릭 언론에 대대적으로 보도되면서, 전국 각 교구에서도 적극적 선교에 나서는 성당이 점점 늘어났다. 이에 따라 만수1동성당의 사례를 듣고자 하는 강의 의뢰가 계속되었다. 김병상 신부는 사제와 수도자, 평신도 지도자들을 대상으로 주로 강의하였는데, 전주 · 제주 · 인천 · 대구 · 수원 · 춘천 · 청주 · 마산교구의 사제들이 사제연수 등의 기회를 이용해서 김병상 신부의 강의를 들었다. 만수1동성당 사목위원으로 구성된 평신도 강사들은 각 성당의 피정과 미사 특별 강론 등 주로 평신도들을 대상으로 강의하였다.

아울러 '새로운 양 찾기 · 잃은 양 찾기'운동 관련 자료를 원하는 성당과 사제들이 많아지면서, 자료집으로 엮어 발행하였다. 이 자료집은 만수1동성당의 선교운동 사례를 따라 적극적인 선교운동을 전개하고자 하는 성당에 제공되었다.

만수1동성당은 새로운 양 찾기 · 잃은 양 찾기운동을 통해 많은 성과를 거두었다.

처음에는 적극적인 선교운동인 새로운 양찾기운동에 대해 비협조적이거나 비판적인 신자들과 구역장·반장이 적지 않았다. 하지만 지속적인 교육과 직접 선교활동에 참여한 체험을 통해 선교가 성직자·수도자와 일부 신자들만이 아니라 모든 신자의 사명이라는 의식을 갖게 되었다.

또한 호들갑스럽다는 생각에 거부감을 갖는 신자가 적지 않았다. 처음에는 포스터와 안내 전단을 나누어주는 방법에 대해 개신교 방식이라고 거부감을 갖는 신자들이 많았으나, 실제로 포스터를 보고 찾아오는 예비신자들이 많다는 걸 확인하면서 적극적인 선교 방식에 대해서 새로운 인식을 하게 되었다. 선교운동의 성과로서 신자들이 예상했던 것보다 많은 예비신자가 입교하자, 신자들이 '우리도 하면 된다'는 자신감과 자부심을 갖게 되었다.

또한 많은 신자들이 선교운동 과정에서 기도가 얼마나 중요한지 깨달을 수 있었다. 김병상 신부는 선교운동의 처음부터 끝까지 기도운동의 중요성을 강조했고, 운동 기간에는 모든 신자가 피정을 한다는 의식을 가지고 열심히 기도했다. 그 결과 가능성이 없어 보이던 가족, 친척, 이웃들이 흔쾌히 입교한 사례가 많아졌고, 이러한 체험을 통해 결국 선교하는 분은 하느님이고 신자들은 끊임없이 기도해야 한다는 점을 깨달을 수 있었다.

아울러 반공동체 방식의 예비신자 교리교육을 추진함으로써 평신도 지도자 양성의 좋은 기회가 되었다. 선교운동은 물론 예비신자 교리반 운영을 통해 사목위원, 구역장, 반장, 교리교사 등이 많은 평신도 지도자로 양성되는 효과를 거둘 수 있었다.

무엇보다 중요한 성과는 성당의 모든 일은 사제가 결정해야 하고, 평신도들은 그저 따라가기만 하면 된다는 의식에서 신자들이 벗어났다는 점이다.

새로운 양 찾기운동의 결과, 만수1동성당의 교세는 놀랍게 성장하였다. 지역주민 세대수 대비 신자 세대 비율도 1988년 8.22%에서 1996년 말에는 11.18%로 증가하였고, 지역주민수 대비 신자수 비율은 1988년 6.35%에서 1996년말에는 9.04%로 증가하였다.

만수1동성당을 떠나 1999년 부평1동성당 주임사제로 부임한 김병상 신부는 부임 초기에는 어수선한 성당 상황 때문에 선교운동을 활발히 전개할 수 없었다. 하지만 상황이 안정되기 시작하

만수1동성당의 선교운동사례에 대한 관심이 높아지면서 자료에 대한 요구가 많았다. 김병상 신부는 선교자료실을 운영함으로써 자료를 체계적으로 정리했다.

는 2003년부터 이웃사랑 선교를 위한 '묵주기도 백만단 봉헌운동'을 시작으로 선교운동을 전개하였다. 이 기도는 2003년 5월 4일부터 202일 동안 이어졌는데, 10월 5일 선교 선포식을 갖고, 11월 23일 입교식을 가졌다. 이러한 선교운동을 위해 보좌신부와 수도자, 평신도 12명으로 구성한 선교위원회를 발족하고, 선교봉사자들이 주 4일 동안 상주하는 선교사무실을 운영하였다. 그 결과 목표한 대로 백만단의 묵주기도를 봉헌하였고, 봉헌된 193명 선교 대상자 가운데 124명이 입교하는 성과를 거두었다.

한편 김병상 신부는 신자들이 선교운동를 포함한 성당 활동에 적극 참여하도록 하려면 신자들이 성당소식을 잘 아는 것으로부터 시작해야 한다고 생각했다. 만수1동성당에서 사목할 때도 신자들에게 성당 소식을 자세히 알림으로써 공동체 의식을 갖게 하고 나아가 지역사회에도 성당 사목활동을 적극 알려 선교에 활용하고자 '본당 월보'를 발행하였다.

본당 월보 편집위원회를 구성하고, 사제 단상, 성당 행사 소식, 각 단체 동정, 신자 투고란, 일상생활 정보, 자료실 자료 소개 등으로 내용을 구성하였다. 매월 2천 부를 인쇄하고 소요 경비는 유료 광고를 게재해 충당하였다. 김병상 신부는 본당 월보의 이름을 이승훈의 호인 '만천'晩泉을 따서 「만천로 晩泉路」로 정하고, 창간호를 1997년 10월초 발행하였다. 창간호에는 김병상 신부의 발간사, 4차 새로운 양·잃은 양 찾기 안내, 각 분과 및 구역 소식 등이 실렸다.

중국과 북한에 기쁜 소식을

평소 중국과 북한 선교에 큰 관심을 갖고 있던 김병상 신부는 만수1동성당사목협의회 선교복음화분과장 김창열에게 중국을 방문해 중국과 북한 선교의 가능성을 알아보도록 하였다. 이에 김창열 분과장은 한국천주교주교회의 산하 북한선교위원회의 협조 아래 1996년 7월과 8월 두 차례 중국 요령성교구를 방문하였다.

김창열 분과장의 보고를 들은 김병상 신부는 북방선교의 적극적인 추진에 앞서 현황을 파악하기 위해 직접 중국을 방문하였다. 방문을 통해 김병상 신부는 흑룡강성, 길림성, 요령성 등 중국 동북 3성이 무한한 발전 가능성을 지니고 있다고 판단하였다. 중국 방문에서 돌아온 김병상 신부는 같은 해 12월 29일 김창열 분과장을 다시 파견해 처음으로 무순성당의 복사기, 컴퓨터 구입비 등 중국 요령성교구에 대한 물적 지원을 시작하였다.

김창열 분과장의 4차 방문 결과를 보고 받은 김병상 신부는 1997년 1월 1일자로 기존의 그리스도사상연구소 후원회를 북방

선교후원회로 개편함과 동시에 중국 요령성교구에 대한 지원을 본격화하였다. 만수1동성당의 지원계획이 확정되었다는 통보를 받은 요령성교구는 조선족 전교를 위한 선교사 4명을 선발하고 세부 계획을 수립하였다.

하지만 중국 요령성교구에 대한 지원에는 약간의 어려움이 있었다. 중국의 통제된 경제 상황 탓에 지원금을 공개적으로 보낼

무순성당 김화실 반석 수녀가 보낸 감사편지

경우에는 후원금의 일부가 공제될 뿐만 아니라 지원금을 마음대로 사용할 수 없었다. 그래서 김병상 신부는 주로 김창열 분과장을 직접 중국으로 보내 지원금을 전달하였다.

북방선교후원회는 이후 만수1동성당 만이 아니라 인천교구 차원의 후원회로서 발돋움하였다. 그 뒤 요령성교구 신학교 지원, 무순성당 선교사 활동비 지원, 중국인 신부 한국 유학 지원, 무순 예수성심수녀회 지원 등 크고 작은 지원을 지속하였다. 한편 1998년 10월 11일에는 요령성교구의 김페헌 주교가 만수1동성당을 방문해 그 동안의 지원에 대한 감사인사를 하기도 하였다.

1997년에는 중국 천주교회 돕기를 넘어서 북한 동포 돕기를 시

정의구현사제단 103명과 함께 대북지원 모니터링 및 대북지원 협의를 위해 방북, 북녘땅에서 유일한 평양 장충성당에서 미사를 봉헌하는 김병상 신부(2002년 10월 6일).

작하였다. 당시는 북한이 식량 부족으로 큰 위기를 겪고 있던 때였다. 김병상 신부는 북방선교후원회를 통해 북한 동포에 대한 식량 지원을 시작하였는데, 4월 24일 옥수수 2톤, 입쌀 120㎏, 막국수 100다발, 옥수수 국수 10㎏, 설탕 등 기타 식품들을 실은 11톤 트럭 2대와 소형 트럭 1대를 지원하였다. 이 지원 식량은 무산 시내의 고아원 어린이에게 전달되었다.

북한 동포에 대한 2차 식량 지원은 같은 해 10월에 추진되었다. 2차 식량 지원은 1차 때와는 달리 중국 단동성당의 수옥홍 회장이 직접 전달하기로 하였다. 이는 지원 식량이 다른 곳으로 빠지지 않고 북한 내 고아원 등에 직접 전달되도록 하기 위한 조치였다. 수옥홍 회장은 10월 22일 밀가루 20톤을 사서 트럭 2대에 싣고 입북하였다. 밀가루 20톤은 평안북도 용천군과 평안북도 육아고아원에 각각 15톤과 5톤씩 전달되었다. 이처럼 2차 식량 지원을 통해 만수1동성당은 북한에 대한 식량 지원 경로를 다양화할 수 있게 되었다. 그 뒤에도 만수1동성당은 3회(11월 12일, 12월 15일, 12월 17일)에 걸쳐 밀가루를 추가로 지원하였다.

김병상 신부는 1996년 3월 1일부터 1998년 4월 30까지 만수1동성당에서 모금된 25,400,000원을 포함해 총 32,465,350원을 정의구현사제단을 통해 북한에 전달하기도 하였다.

부평1동성당에 부임한 뒤에도 김병상 신부는 북방선교에 대한 지원을 계속하였다. 2003년 2월 8일 동안 중국을 방문한 뒤 7월에 신자 모금을 통해 중국 예수성심수녀회 수녀원 건축비를 지원하였다.

세상에서 가장 귀한 밥 한 그릇

김병상 몬시뇰은 사제로 살면서 많은 이들과 친구나 가족처럼 지냈다. 부드럽고 재치가 많으며 따뜻한 인품을 지닌 사제로 기억하는가 하면, 변치 않는 의리와 인간에 대한 연민을 잃지 않는 아름다운 한 사람의 모습으로 깊이 간직하고 있기도 하다.

여기, 김병상 몬시뇰이 신학생이 되기 전부터 인연을 맺어 가족이나 마찬가지로 오랜 세월을 함께한 어느 교우의 딸이 자기 블로그에 올린 '어머니의 편지'에는 김병상 몬시뇰에 대한 고마움과 존경 그리고 그리움과 사랑이 절절하게 담겨 있다.

〈인연〉
– 어머니의 편지 –

토방으로 된 부엌 뒷문이 열렸다.
인천 도화동 집이 토방에 뒷마당 담도 없을 때니 참으로 오래된 일이다.
내가 중학생 때였을 게다.
"아무도 안 계시니? 너 혼자 있니?"

우리 형제들이 삼촌이라고 부르는 신부님이었다. 저녁 어스름이 기어든 부엌은 부엌문이 열린 사실과 관계없이 어두컴컴했다. 백열전구를 켰던가?
늠름한 체구에 미켈란젤로의 조각상을 연상시키는 희고 아름다운 얼굴이 드러났다. 어쩌면 사람이 저토록 잘 생길 수가 있나. 속으로 그 생각을 했을 것이다. 무척 당황도 하였다.
웬일로 집에는 아무도 없었다. 이모네 형제를 합해 여섯이나 되는 아이들은 다 어디 가고 어째서 나 혼자인지, 우리를 키워주는 외할머니가 시장이라도 가셨는지 그 또한 생각나지는 않는다. 손님을 접대하는 일은 할머니가 하였는데 할머니가 계시지 않아 나는 허둥거렸다.
무엇이든 대접해야 한다는 일념에 신부님을 마루에 오르시게 하고 얼른 부엌을 뒤져 상을 차렸다. 찬밥을 끓이고, 할머니가 하시던 걸 기억해내 짠지를 채 썰어 물을 부었다. 그렇게 달랑, 그릇 두 개에 수저 얹은 소반을 조심조심 신부님께 올렸다.
오랜 세월이 지나 외할머니 장례 때 신부님이 그날 일을 꺼내셨다. 우리 형제들이 커서 어른이 되면서 신부님은 더욱 격의 없이 어머니의 자식인 우리에게 "애, 쟤" 하셨다. 친구나 친조카에게 하듯 똑같았다.
"야, 야, 너, 그 생각나니?"
사실은 나도 성장기 내내 신부님을 뵐 때마다 그 밥상이 떠올랐다. 너무 가난한 상차림이어서 부끄러웠고 슬펐다. 그런 일이 없었던 듯 모르는 척했다. 신부님이 그 일 따위는 잊어주기 바랐고, 그런 줄 알았는데 아니었다.
"난 야, 너를 보면 꼭 그게 생각나. 죽는 날까지 네가 차려준 밥상을 잊지 못한다. 야, 야, 내가 그 밥을 눈물을 흘리면서 먹었어. 알아? 내가 세상에서 먹은 가장 귀하고 맛있는 밥이었어. 알아?"
신부님이 진작 그 말씀을 해줬다면 오랜 세월 나는 덜 부끄러워 했을 텐데. 고마우면서도 야속했다.

지난주 일요일 아침, 전화벨이 울렸다. 어머니다. 많은 다른 집 어머니들과 마찬가지로 어머니 전화는 대체적으로 길다.
"이십오일이 은퇴 미사인 거 알지?"
물론 11월 25일에 인천 답동성당에서 몬시뇰이 된 신부님 은퇴 미사가 있다는 걸, 내가 알고 있다는 걸, 어머니도 아신다. 내가 가려고 해도, 그 시각이 너무 일러 못 간다는 사정도 알고 계신다. 그러면서도 그런 전화를 하는 것이다.
어머니는 우신다. 마음이 너무너무 아파서 이렇게 자꾸 눈물이 나온다며 울음을 섞어 한 이야기를 하고 또 한다. 당신들의 늙음이 마음 아픈 게다. 꼭 신부님만을 지칭하는 건 아니리라고 나는 짐작한다.
"신부님이 벌써 은퇴라니, 얘, 나는 너무 슬프고 눈물이 나서……. 너도 알잖니. 신부님과 우리가 어떤 사이인지……. 너희들이 삼촌이라고 부르고, 우리에게 세상에 그렇게 잘해주신 분이 어디 있니. 세상에 인연이……. 영국이 어머니 아버지도 너무 고맙고 그립고, 그분들 생각을 하니 또 눈물이 나고, 우리 어머니 생각이 또 나고 보고 싶고……."
어머니는 울고 또 우신다. 그저 참고 들어드리는 게 내가 할 수 있는 효도여서 나는 그저 가끔 추임새를 넣으며 듣기만 한다.
"영국이 어머니 아버지가 살아계셨으면 살아있는 성인이셨을 거야. 그때도 성인 성녀셨지. 신부님이 영국이 아버지 막냇동생이잖니. 어릴 때는 몸이 그렇게 약해서, 우리 신부님이 얼마나 힘들게 사제가 되셨니. 얘, 그게 육십구 년도더라."
과장 없이, 살아오며 백 번도 넘게 들은 이야기를 어머니는 지치지 않고 반추한다.

청상과부인 우리 외할머니가 안면도에서 가진 것 없이 어린 두 딸과 인천에 도착한 것. 송림동 산꼭대기 집에 세를 든 일. 세 든 집 기한이 다 되어 방을 구해야 하는 어려운 처지에 있자 저기 윗

집 부부가 방 하나를 기꺼이 내준 일.
그분 가족들의 심성이 성인성녀와 다름없어서 청상과부인 우리 외할머니와 두 딸의 온갖 어려운 사정을 함께 울고 웃으며 같이 살아낸 일.
그러고는 그 고마운 집주인 내외는 앞 다투듯 세상을 떠나며 어린 아들 하나를 남겼다. 돌아가신 집주인의 막냇동생은 큰형님의 아이를 길렀다. 그 아이가 크고 우리 형제들도 세상에 나오고 우리는 그 아이를 오빠라고 불렀다. 오빠가 삼촌이라고 부르는 분에게는 삼촌이라고 불렀다. 오빠는 우리 할머니를 할머니라고 불렀으며 신부님은 우리 할머니를 아주머니라고 부르다가 세월이 지나서는 우리들처럼 할머니라고 불렀다. 또 우리 어머니 자매에게 신부님은 누님이라고 불렀다.
그 세월이 육십 년, 칠십 년 가까이 된다. 영국 오빠는 장가를 가서 환갑을 넘겼다.
우리 할머니가 돌아가시자 신부님은 당신 손으로 장례미사를 집전해야 한다며 달려오셨다. 평신도인 외할머니의 장례미사는 본 적도 들은 적도 없을 만큼 성대하고 훌륭하였다. 신부님의 다정하고 따뜻한 배려와 의리였다. 외할머니의 고단한 평생이 신부님 뇌리를 스치기도 했을 터였다.

"얘, 엄마는 신부님 은혜를 갚을 길이 없구나. 어디 물질로도 무엇으로도 갚을 길이 없고, 이렇게 자꾸 눈물만 나고."
"뭐, 은퇴한다고 해도 아주 아무 일도 안 하고 그러는 거 아니래요. 그렇게 들었는데."
"그러니? 그래도 눈물이 난다. 이렇게 슬플 수가 없고, 그렇게 가여울 수가 없고. 얘, 뭘 드릴 건 없고, 드려봤자 신부님들에게는 필요하지도 않고. 그래서 엄마가 신부님한테 편지를 하나 썼어. 들어볼래? 이 편지를 봉투에 넣어서 드리려고 해."
"응, 그것도 좋죠."

"들어봐."
우리 어머니는 낭독을 잘한다. 청년 시절에 웅변을 하였기에 아주 감정을 넣어 읽으신다.

김병상 몬시뇰님.
존경하고 사랑하는 몬시뇰님 참말로 큰일 해내셨습니다.
어려서 무척이나 약했던 신부님. 그럼에도 불구하고 성신중학교를 거쳐 신학대학으로 진학하신 신부님. 결국 약한 몸은 결핵이란 병마와 싸우셔야 했습니다.
다른 신부님들보다 늦게야 서품을 받으신 신부님.
늦게 나는 뿔이 우뚝 솟는다 했던가. 우리 신부님께서는 다방면으로 눈부신 활동을 하시는 뛰어난 사제이셨습니다. 민주화 운동의 선봉에서 정의구현사제단을 이끄셨으며 그 모진 옥고도 치르셨습니다. 신부님께서는 유난히 부드러운 말씨와 다정하신 모습으로 많은 신자들의 마음을 황홀하게 만드셨지요.
신부님을 생각하면 으레 떠오르는 네 분의 영상이 있습니다. 신부님의 부모님, 또 큰형님 내외분. 이 세상에 아직 계시다면 아마도 살아계신 성인성녀였을 것입니다. 큰형님 내외분은 하느님께서 하늘에 천사님들이 부족하여 젊은 분들을 데려가셨는가 봅니다. 신부님의 어린 조카는 졸지에 고아가 되었지만 사제이신 작은아버지께서 얼마나 잘 아끼고 보살펴주셨는지요. 그는 잘 성장하여 훌륭한 성가정의 가장으로 잘 살고 있습니다.
여러 가지로 신부님은 너무나 큰일들을 하셨습니다.
진심으로 장하신 우리 몬시뇰님, 정말 수고 많이 하셨습니다.
신부님과 저희는 큰형님과의 인연으로 친형제가 되었습니다. 정말 남이라고 생각해본 일이 없으며 그 댁 행사 때면 빠짐없이 참석했고 아이들 또한 저희들 친삼촌으로 알고 지내왔습니다. 신부님께서 사제 서품 받으신 후에도 습관이 되어 삼촌으로 오래도록 불렀던 기억이 납니다.

끼니가 간데없던 보릿고개 시절 신부님께서는 저희 집에 자주 오셨으며 끼니때면 비록 멀건 강냉이 죽이지만 함께 드셨던 소탈하고 인정 많은 그 멋진 젊은 신부님. 형형색색의 신부님의 모습들이 떠오릅니다. 그 모든 것이 너무 그립습니다.

형님 내외분께 진 신세를 동생인 신부님께 갚으려 했지만 생활은 마음대로가 아니어서 오히려 형님에게 지은 신세보다 몇 배의 신세를 신부님께 지고 있습니다. 신부님, 어찌 그 고마움을 돈이나 물질로 갚을 수가 있겠습니까. 60여 년을 이어온 끈끈한 정, 신부님이 사제의 길을 걸으면서도 한 번도 저희들을 소홀히 한 적이 없는 그 보살핌 너무 고맙습니다. 비록 자주 찾아뵙지는 못하지만 언제나 저희들의 힘이고 지주이시며 든든한 '빽'이랍니다.

더욱이 저희 어머님께 베푸신 은혜를 잊지 못합니다. 친어머니처럼 아끼고 소중히 여기시던 신부님, 지금 그 신부님이 은퇴라는 이름으로 이 자리에 계십니다. 37년이란 긴 세월 동안 많은 빛나는 업적을 세우시고 신부님 말씀대로 민주화의 기념탑을 답동성당 마당에 세워지는 영광을 신부님은 만드셨습니다. 그러나 저는 왠지 자꾸만 눈물이 납니다. 벅차오르는 슬픔 누를 길이 없습니다. 눈물을 거두고 이 한 장의 글을 써서 신부님께 올리기로 했습니다. 신부님, 몬시뇰님, 천 번, 만 번 건강하시고 제가 이 세상에 있을 때까지 제 주변에 계셨으면 좋겠습니다.

"얘, 괜찮니?"
"그럼, 그럼요. 명문이야. 우리 엄마인데 당연히 명문이지! 희승(내 조카)이한테 컴퓨터로 해서 메일로 좀 보내라고 해요. 내 블로그에 올려놓게."
"이게 엄마가 손으로 써서 희승이가 컴퓨터로 빼준 거야. 그런데 정말 괜찮니? 괜찮겠지? 드려도."
"그럼, 괜찮죠. 요새 블로그에 뭘 하나하나 올려놓다 보니 우연히 인연이라는 큰제목에 숫자를 매기게 됐거든요. 그런데 생각해보니 산다는 게, 인생이란 게 온통 인연인 거구나, 그 생각을 하게 되더라고요. 인연이 인생이고 인생이 인연이고. 인연에 의해 인생이 이어지고 이뤄지는 거 같고."
"그래 맞아. 그렇지."

어제그제 어머니가 또 전화를 하셔서 뭐라 그러신다. 신부님과 우리의 인연을 생각하면 어찌 네가 길이 멀고 시간이 이르다는 핑계로 우리 신부님 은퇴 미사에 안 올 수가 있느냐.
아침 일찍 집안을 치우고 길을 서둘렀다. 살아가는 매순간이 일회성이긴 하다만, 은퇴 미사도 신부님 생전에 두 번은 없을 일이다. 부지런히 갔는데도 성당 안은 만원이라 성당 밖까지 신자들이 두 손을 모으고 있었다. 은퇴 미사가 끝나고 신부님과는 십 년 터울인 동창 신부님들의 축복의 한 말씀 한 말씀이 이어지며 신자들을 아하하 웃겼다.
그중에는, 이 아름다운 은퇴 미사보다 이분의 장례미사가 더 아름답고 성대하기를 바란다는 이야기도 있었다.
그동안 또 잊고 지낸, 끓인 찬밥과 무짠지 반찬 밥상이 문득 떠올랐다.
"야, 야, 내가 그 밥을 눈물을 흘리면서 먹었어. 알아? 내가 세상에서 먹은 가장 귀하고 맛있는 밥이었어. 알아?"
신부님이 그 밥상의 기억을 잊지 않는 한, 언제일지 모를 신부님의 장례미사 또한 성대하고 아름다우리라. (2006. 11. 25.)

우선덕(소설가)의 블로그
https://blog.naver.com/indra21c/90011209717

김병상 몬시뇰의 사목 비전

반걸음 앞서 간 사목자였던 김병상 몬시뇰의 사목 비전과 중점 방향을 정리하면 다음과 같다.

첫째, 모든 신자들에게 관심을 기울였지만, 특별히 젊은이와 노인들에 관심을 기울이고 우선적으로 배려하였다. 젊은이들과 스스럼없이 어울렸으며, 노인들을 단순한 돌봄의 대상이 아니라 다양한 문화생활과 봉사활동을 할 수 있는 주체로서 존중하였다. 주안1동성당 이후 가는 성당마다 효도대학을 개설해 다양한 교육과 문화생활과 봉사활동의 기회를 제공하였다.

둘째, 평신도사도직 활성화를 위해 신자교육의 중요성을 강조하고 다양한 교육 기회를 제공하였다. 김병상 몬시뇰은 자신의 인맥을 활용하여 교회 안팎의 다양한 강사들을 초빙하여 신자들에게 최고의 교육 기회를 제공하기 위해 노력하였다. 주목할 것은 신앙교육에만 머물지 않고 다양한 문화예술교육을 함으로써 신자들이 종교생활에서 신앙뿐만 아니라 문화적 욕구도 충족할 수 있도록 하였다는 점이다. 아직 문화사목이라는 사목 비전이 없던 시절부터 선구적으로 문화원을 운영하였다.

셋째, 평신도단체 활성화를 돕는 것은 물론 평신도 지도자들을 발굴해 적재적소에서 능력을 펼칠 수 있게 도와주었다. 평신도들로 하여금 전문지식과 능력을 발휘해 사도직을 수행하도록 장려하였다. 그 일환으로 다양한 전문지식과 능력이 있는 신자들이 성당에서 강사로 활동하도록 권한을 부여해주었다.

넷째, 여성 수도자들에게도 고유한 역할과 권한을 부여해서 사목 협조자로 이끌어주었다. 문화원이나 사회복지회를 운영할 때 전문성을 갖춘 수도자를 초청하고, 책임을 맡겨 적극 활동할 수 있는 여건을 마련해주었다.

다섯째, 아직 반공동체가 한국천주교회에 도입되기 훨씬 전부터 본당공동체와 신자 개개인의 성숙을 위해서 구역반모임이 중요하다는 것을 인식하고 다양한 방법으로 구역반모임 활성화를 도모하였다. 주안1동성당에서 구역반별로 레지오 마리애를 창단하고, 남성구역모임 활성화를 위해 직접 모임에 참석한 것이 예라 할 수 있다.

여섯째, 제2차 바티칸공의회 정신에 맞게 열린 교회를 지향하였다. 성당 시설을 개방하는 것은 물론 성당에서 이루어지는 교육이나 행사에 지역주민들도 참여할 수 있게 하였다. 각 성당에서 운영했던 문화원 프로그램이 대표적인 예이다.

마지막으로, 성당사회복지활동이 전문적으로 효과 있게 이루어져야 한다고 생각했다. 자원봉사활동 중심의 사회복지로는 실제 도움이 필요한 이웃들에게 필요한 도움을 주는 데 한계가 있다고 생각해서 만수1동성당 때부터 본당사회복지회를 구성해 전담 수도자와 전담직원을 두었다. 이 같은 인식과 실천은 교구 사회복지회 경험과 풍부한 지역사회활동 경험에 바탕을 둔 것이었다.

김병상 몬시뇰의 사목비전은 만수1동성당의 새로운 양 찾기와 잃은 양 찾기운동을 통해서 만개하였다. 만수1동성당의 선교운동 사례가 알려지면서 많은 교구와 성당에서 앞다투어 사례를 본딴 실천을 했지만, 만수1동성당과 같은 성과를 거두는 경우는

2006년 11월 25일 은퇴미사 후 인천교구 신부들과 함께. 김병상 몬시뇰은 은퇴 이후 실업극복운동본부, 민족문제연구소, 기쁨과희망사목연구원 등 다양한 사회복음화운동에 적극적으로 참여하였다.

거의 없었다. 이는 만수1동성당의 새로운 양 찾기와 잃은 양 찾기 운동이 앞서 정리한 김병상 몬시뇰의 사목 비전의 총화라는 것을 이해하지 못한 채 방법만 따라했기 때문이다. 이 운동은 평신도 사도직운동, 기도운동, 신자교육운동, 사회복지운동, 반공동체운동이었으며, 궁극적으로 제2차 바티칸공의회 정신에 따른 신앙쇄신운동이었다.

5

다시 떠나는 순례

새로운 시작

    2006년 11월 25일 토요일 오전 10시 30분, 답동주교좌성당에서 김병상 몬시뇰의 은퇴미사가 봉헌되었다. 1969년 서품을 받고 사제생활을 한 지 37년의 세월이 흘렀다. 최기산 주교 주례로 거행된 미사에 800여 명의 신자와 지역단체 관계자 등이 참석했다. 김병상 몬시뇰과 인연을 맺은 사람들로 성당 안은 꽉 찼고 성당 밖까지 사람들이 모여들었다. 은퇴미사에 참여한 이들은 세월의 굽이굽이마다 김병상 몬시뇰과 함께 지내온 이들이었다.

> 사제생활 초기에는 교회와 사회활동이 다르다고 생각했습니다. 그러나 정의구현사제단 활동을 통해 하느님의 정의와 사랑을 거스르는 사회문제들에 대해 눈을 떴고, 교회와 사회가 하나라는 의식을 갖게 됐습니다. _「가톨릭신문」, 인터뷰, 2006.11.19.

    37년 동안 사제의 삶과 은퇴를 눈앞에 두고 돌아보니 세상과 교회에 많은 변화가 있었다. 가톨릭교회가 양심과 정의를 지키며 민중 속에 살아있는 교회의 길을 걷던 벅찬 순간도 있었다. 그러나 교회가 짊어져야 할 고난의 길에 참여하는 사제와 신자들이 적어서 힘에 부칠 때도 많았다. 수많은 이들의 피와 땀으로 이루어진 민주주의가 쉽게 무너지는 것을 바라보며 절망하기도 했다. 여전히 세상은 아픈 곳이 많은데 교회는 이들에게서 멀어지고 빠르게 보수화의 길을 걸어가는 것을 바라보면서 답답한 적이 많았다.

김병상 몬시뇰은 은퇴를 앞두고 사제로 살아온 지난 세월을 회고하였다. '사회정의'에 투신하며 앞장섰다고 후방에 있었던 사람들을 비난해서는 안 된다고 생각했다. "뒤에서 욕해 가면서도 지켜주고 후원해준 이들이 있었기에 앞에 선 사람들이 민주화에 헌신할 수 있었던 것"이라고 말했다. 다만 "교회가 좀 더 젊은이들에게 관심을 기울이고 배려해 교회에 활기가 넘쳤으면 좋겠다"는 생각이 들었다. _「한겨레신문」, 인터뷰, 2006.11.25.

김병상 몬시뇰에게 은퇴는 또 다른 출발이었으며 지켜보는 이들에게 "앞으로도 나를 필요로 하는 곳이면 어디든 달려갈 것"이라고 말했다. 그 말대로 은퇴 이후 더 많은 일들이 기다렸다. 김병상 몬시뇰은 세상 속으로 더 깊이 뛰어들었다.

다시 순례의 길에서

김병상 몬시뇰은 은퇴 이후 이명박·박근혜 정부로 인해 고통의 눈물과 저항이 있는 곳곳을 찾아다녔다. 쇠고기 파동과 촛불, 한반도 운하의 축소판이었던 4대강, 용산 철거민 참사, 쌍용자동차 해고노동자 사태, 제주 강정 해군기지 등 국가권력에 의해 파괴된 사람들의 권리를 되찾기 위해 싸우는 현장을 모두 찾아다녔다.

정의구현사제단의 시국미사와 교구 사제들의 단식 농성장을 찾아 다녔다. 나이가 들어 몸에 부치는 날이 많았지만 빈자리라도 채워야 한다는 마음으로 언제나 함께 하였다.

각 현장을 방문하면서 기록을 꼼꼼히 남겼다. 지친 몸이 되어 늦은밤 집으로 돌아와 이 나라의 민주주의를 위해 언제나 간절한 기도를 바쳤다.

이명박 정부 시절 광화문에서 타오르던 미국 쇠고기 수입반대 시위현장을 찾은 날에 남긴 일기엔 김병상 몬시뇰의 따뜻한 동행이 담겨 있다.

일시 : 2008년 6월 30일(월) 오후 6시 정의구현사제단 시국미사
장소 : 서울시청 앞 광장
주제 : 이명박 정권의 폭력을 제거하고 미 쇠고기 재협상하여 밥상을 살려내자.
참석 : 신부 300명 공동집전, 수녀 500명, 시민 10만 명 운집

이명박 정부는 촛불을 든 시민들이 서울광장을 메꾸며 미국과 소고기 협상이 잘못된 것을 항의하자 강경한 진압을 하였다. 시민들이 경찰에 구타당하고 연행되는 것을 보면서 마치 1980년대 광주민주화운동 당시를 보는 것 같았다. 이때 정의구현사제단은 거리미사를 시작하였다. 이명박 정부는 촛불집회를 절대 허용하지 않았다. 수많은 신부, 수녀들 그리고 시민들이 몰려와 미사를 봉헌하고 이후 남대문을 돌아오며 촛불집회를 평화롭게 마무리지었다. 시민들은 엄숙하고 강하게 이명박 정권을 규탄하였다. 민주주의가 이루어지도록 새로운 평화의 촛불을 밝히며 생명의 불을 새롭게 켜놓았다. 불행한 이 나라의 미래여, 정부 지도자들이여. 이성을 되찾아 국민을 바로 지도하라. 이 땅에 불행이 반복되지 않도록 저희에게 슬기와 지혜를 주소서. _ 김병상 몬시뇰 일기, 2008.06.30.

일시 : 2008년 7월 5일, 김대건 신부 축일
장소 : 서울시청 앞 광장
주제 : 쇠고기 협상의 부당성을 알리고 재협상을 요구하는 촛불시위

오후 3시 30분, 정동 프란치스꼬회관 강당에서 많은 신부, 수녀, 신도들이 모여 미사 봉헌하고 각 종파들이(천주교, 불교, 개신교,

원불교) 시청앞 광장으로 모여 갔다. 저녁 8시가 되니까 50만 이상의 촛불 시위자들이 발 디딜 틈 없이 모여들어 정부를 향해 쇠고기 협상의 부당성을 외치면서 재협상 요구하는 시위를 하는 장관을 이루었다.

시민의 소리는 하늘의 소리요. 진리의 소리이다. 이 외침을 그 누가 감히 외면하겠는가?

하늘 앞에 무릎 꿇고 시민 외침을 겸허히 받아들이는 것만이 쇠고기 협상문제를 해결하고 생명의 밥상을 살리는 길임을 왜 모르는가? 시민과 대통령과의 불신을 해결하는 정리는 군중의 간절한 소망을 마음으로 받아들여 겸허히 국민의 소리에 정중히 대답하고 국민을 하늘같이 모시는 일 하나뿐이다.

나는 서울에서 저녁 8시 30분 지하철에 올라 9시 30분 인천에 도착하였다. 그러나 군중의 시위는 다음날 새벽 2시에 끝났다고 한다. _ 김병상 몬시뇰 일기, 2008.07.05.

이명박 정부는 '한반도 대운하 건설'이 국민들의 반발로 벽에 부딪히자 '4대강사업'을 추진하였다. 4대강사업에 대해 한국천주교주교회의는 「환경에 대한 한국 천주교주교회의 지침서」에서 4대강사업에 대한 우려와 반대방침을 확고히 했다.

한국천주교주교회의는 4대강사업은 생태계 파괴이며 정부의 '4대강살리기사업'은 대표적인 난개발이라고 규정하였다. 그리고 지침서를 통해 "전 국토의 구석구석을 흐르는 4대강 유역에서 단기간에 모래톱을 없애고 콘크리트 제방을 쌓는 대규모 토목 공사는 생태계에 어떤 치명적 악영향을 미칠 것인가를 전혀 고려하지 않는 반환경적인 계획"임을 명시하고 교회의 반대 입장을 밝혔다.

그러나 정진석 추기경은 "주교회의의 결정은 찬성과 반대의 입장이 아니었다. 난개발에 대한 우려를 표시하면서 제대로 잘 개발해 달라는 취지로 이해해야 한다"고 말해 논란을 일으켰다.

김병상 몬시뇰과 황상근 신부 등 전국 교구의 원로사제들은 이러한 발언을 보며 2010년 12월 13일 기자회견을 통해 "추기경이 주교단 전체의 명시적이고 구체적 결론에 위배되는 해석으로 사회적 혼란과 교회 분열을 일으킨 것은 분명히 책임져야 할 문제"라며 "정진석 추기경은 동료 주교들과 평신도, 수도자, 사제에게 용서를 구하고 용퇴의 결단으로 그 진정을 보여주기 바란다"고 밝혔다. _「한겨레신문」, 2010.12.13. 원로사제들은 "우리는 피조물들의 애끓는 호소와 세상의 아픔을 온전히 헤아리지 못한 정진석 추기경의 오류를 한국천주교회 전체의 실책으로 여기고 함께 뉘우치며 회개한다"고 하였다.

2008년 10월 26일, 김병상 몬시뇰은 오체투지 순례가 있던 계룡산 상원사 중악단 현장을 찾아갔다. 오체투지는 평화의 길, 생명의 길을 찾아가는 순례길이다. 걸어도 힘든 거리를 성직자들은 온몸을 던져 절을 하며 고행의 길을 걷고 있었다. 지리산에서 출발한 지 50일차 김병상 몬시뇰과 함세웅·안충석 신부 등 원로사제들이 오체투지에 합류하였다.

한국사회는 전체적으로 의기소침해 있습니다. 지도자에 대한 신뢰도 떨어지고 미래는 불투명합니다. 그래서 더욱 여러 가지 모양으로 대립과 갈등이 조장되고 있다. 오체투지 순례를 나선 성직자들의 행보는 이 시대 하느님의 부르심에 의한 응답이며 이 암울한 시대에 희망을 샘솟게 하는 성직자들의 결단이며 봉헌입니다. _「미디어붓다」, http://mediabuddha.net/news/view.php?number=2805

문규현 신부와 수경 스님은 "우리 사회가 총체적 난국에 빠져 혼란을 거듭하고 있고 원인인 이명박 대통령의 독단과 독선, 오만이 용납할 수준을 넘어서고 있어 우리 시대의 아픔을 함께 나누고 생명과 생명간의 평화가 조화로운 세상을 염원하기 위해 순례길을 걷는다"고 말했다. 김병상 몬시뇰은 "오체투지를 하는 이들 성직자 뒤에는 국민들이 있으며 모든 생명체들이 함께 힘을 모아주고 있다"고 격려하였다. 그리고 오체투지 순례를 다녀온 날 일기에 이렇게 썼다.

몸바쳐 이룩한 민주사회가 근본적으로 뒤흔들리는 형국 앞에서 참회와 속죄하는 마음으로, 그리고 보수·회귀 세력의 불안정국에 반성과 채찍을 가하는 뜻에서 지리산 노고단에서 출발한 순례가 계룡산을 지나고 있다. 2차는 서울을 거쳐 북의 묘향산을 향하는 고행의 길을 계획하고 있다. 그들은 순교의 길을, 성자의 길을 수행하고 있다. 자랑스럽고 그 정신 거룩하도다. 잘못된 지도자들이여, 대오각성하사이다. 순교자들이여, 이 나라를 굽어보소서. 민주화를 위해 생명을 곱게 바친 선열들이여, 우리의 부족을 용서하소서. _ 김병상 몬시뇰 일기, 2008.09.04.

한편, 인천에서도 4대강사업과 다를 바 없는 반환경적인 개발이 추진되었다. 2009년 3월 18일 인천교구 사제연대는 '경인운하사업 백지화를 위한 시국미사와 단식기도회'를 시작하였다. 인천교구사제연대는 생태계를 심각하게 파괴하여 하느님의 창조사업을 거스르며, 화물과 여객을 대량 수송할 수 없고, 안정성과 경제성을 보장받지 못하며, 개발과 성장이라는 이름으로 정치적인 국책사업을 진행하고, 손익에 따라 지역이기주의와 갈등을 부추기는 경인운하의 문제점을 지적했다. 인천교구 사제연대는 경인운

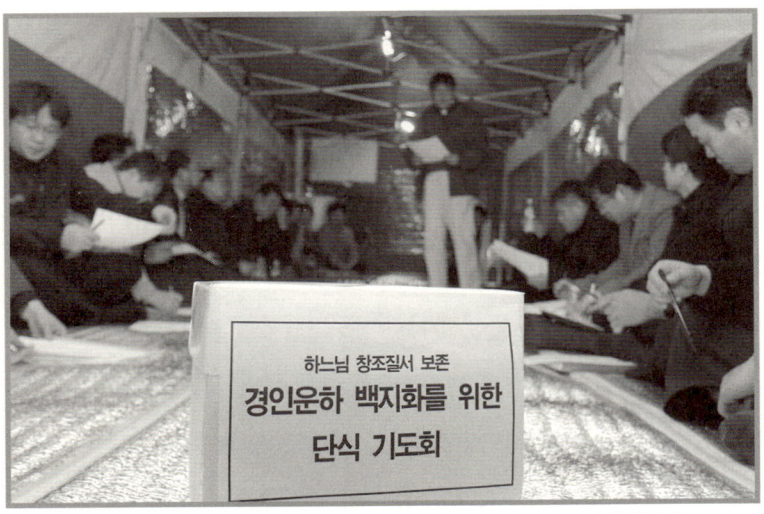
2009년 답동주교좌성당 마당에서 경인운화 백지화를 위한 단식기도회가 열렸다.
ⓒ가톨릭신문

하 추진은 "경제적, 환경적으로 문제가 많다는 사회적인 문제제기에도 불구하고 정부가 편법적으로 사업을 강행하는 것에 대해 크게 염려한다"면서 단식농성의 이유를 밝혔다. 김병상 몬시뇰은 후배 사제들의 단식기도회에 참석하여 강론을 하였다.

단식하는 신부님들에게 사랑과 존경을 보냅니다.

신부님들, 장하십니다. 이명박 정권의 현실을 보면, 국민들의 눈물을 보면, 그들의 아픔을 방에 앉아서 편안히 바라볼 수 없어 신부님들이 모여 단식을 하는 것입니다.
경인운하에서 물고기가 떼죽음을 당하고 물이 오염되어 있습니다. 용산 참사가 6개월이 지났습니다. 미디어법이 불법으로 통과되어 영구집권의 야심이 드러나고 있습니다.
쌍용자동차 노동자들이 공장에서 쫓겨나고 국가 공권력에 의해 심하게 다쳤습니다.
하느님도, 순교자들도 김대건 신부님도 크게 반겨 하시리라 믿습니다.
신부님들 사랑합니다. 신자들 모두는 신부님들을 더욱 사랑하고 존경할 것입니다.
이명박 정권의 행태와 생리를 보면 알 수 있습니다. 그들이 출범하면서 한 첫마디 중 한마디가 '빼앗긴 10년'이라 했습니다. 나는 이 말이 몹시 불쾌합니다. 과거 10년의 정권은, 민주정권은 도둑맞았다가 찾아 온 정권이란 말입니까? 그래서 이명박 패거리들은 도둑한테 **빼앗겼다가** 되찾은 정권을 절대로, 다시는, **빼앗겨서는** 안 되고 이제 우리 도둑들이 영원히 지니고 누려야 할 정권이라고 외쳐대고 있습니다.

이명박 정권은 법치국가에서 사람들을 구속하고 있습니다. 모든 민주화단체들을 분열시키고 구속시키고 있습니다. 모든 이권은 부자를 향해 있습니다. 모든 언론매체를 장악하고 있습니다. 4대강을 파괴하고 있습니다. 약자들을 외면하고 있습니다. 이명박의 논리대로 하면 되찾은 장물을 패거리들이 나누어 가지면서, 빼앗은 권력을 자신들의 부귀영화를 위하여 절대적인 권력으로 행사하면서, 이젠 절대 양보할 수 없는 권력구조를 완벽하게 만들어 놓은 것입니다. 가장 우선적이고 급선무인 듯 모든 이권을 챙기고 난공불락의 법치 정책을 쓰면서 영구집권을 준비하는 권력구조가 아닌가 싶습니다. 국민을 법으로 옭아매고 서민은 더 가난하게 쥐어짜면서 무력하게 만들어가는 정치행태를 하면서 10년 **빼앗겼다고** 외쳐댑니다. _ 김병상 몬시뇰 강론자료, 2009.03.18.

역사 바로 세우기, 민족문제연구소 이사장

한국 시민사회에서 민족문제연구소는 영향력이 큰 단체 중 하나이다. 친일의 뿌리들은 사회 곳곳에 남아 있으며, 그들은 사회의 지도층으로 여전히 당당하게 활보하고 있다. 한국 정치사에서 친일파와 독재세력은 서로를 비호하고 긴밀히 공생하면서 역사를 왜곡해 왔다.

이러한 현실을 시민의 힘으로 친일역사 청산과 일제강점기 역사 진실을 규명하기 위해 만들어진 곳이 바로 민족문제연구소이다. 친일파 청산 없이 역사 바로 세우기는 불가능하다. 이러한 상황에서 김병상 몬시뇰은 민족문제연구소 이사장이라는 중책을 맡았다. 이를 제안한 사람은 정의구현사제단 초기부터 함께 해온 함세웅 신부였다.

김병상 몬시뇰은 중책을 맡아야 한다는 부담감과 고민을 일기에 이렇게 남겼다.

함세웅 신부를 통해 20년의 역사를 가진 '민족문제연구소'의 이사장 제의를 받았다. 학자들 자생으로 발족한 연구소. 나라의 미래를 염려하면서 나라에 대한 열정과 사랑으로 민족문제를 연구하고, 밝은 나라, 희망을 심어주는 나라를 이루고자 민족의 혼을 심고, 역사를 바로잡기 위해 학문적으로, 역사적으로 연구하는 훌륭한 석학들이 모여 있는 곳이다.

내가 그 일을 감당할 수 있을까? 나는 부당不當하고 자격미달이라고 생각한다. 나는 학문도, 민족·역사 인식도 부족하다. 그리고 나라를 위해 몸 바칠 다짐도, 결심도, 의지도 약하다. 민족문제연구소는 꼭 필요하고 중요하다. _ 김병상 몬시뇰 일기, 2008.07.16.

김병상 몬시뇰은 어릴 적 집안 어른들로부터 가톨릭의 순교 역사에 대해 많은 이야기를 들으면서 성장하였다. 김병상 몬시뇰에게 민족과 역사 속에 살아있는 교회라는 주제는 사제로서 살아온 삶의 정체성이었고, 유신독재와 신군부 독재정권을 경험하면서 한국 현대사에 관한 역사인식의 중요성을 자각하고 있었다. 이러한 점에서 김병상 몬시뇰은 민족문제연구소를 이끌어가기에 적합했다. 특히 이명박 정부에서 민족문제연구소는 감시와 통제의 대상으로 누구보다도 활동을 지지하고 보호해 줄 존경받는 원로가 필요했다. 김병상 몬시뇰은 큰 책임을 가지며 2008년 10월 민족문제연구소 3대 이사장으로 취임했다.

당시도 상황이 살벌하니까 신부가 아니면 아무도 맡으려 하지 않는 거야. 그래서 나를 찾은 거야. 그런데 내가 이 일을 하면서 감동을 받은 게 많아요. 우리는 신부라는 직함을 가지면서도 민족을 사랑하는 열정과 흥분이 없는데, 이 숨어 있는 일반 사람들이 그 일을 20여 년 가까이, 누가 시키지도 않았는데 스스로 모여서 자발적으로 일을 하고 있었거든. 회원들이 약 8,000명 정도 되요. 민족의 수치스러움과 그리고 민족에게 상처를 준 그 사람들을 찍어내서 이 역사에 각인시켜야만 그들의 만행이 기록으로 남고, 그래야 우리 민족들이 각성을 한다는 이런 의식구조야. 나는 그런 의식구조는 없어. 아주 감동을 받았어요. 그래서 내가 거기에 성금도 잘 내고 격려도 하고 그래요. 처음에 이거 시작한 사람, 임종국 선생이지, 그 사람 참 훌륭하더라고. 거기에 모여든 사람들이 모두 공감해서 정말 무에서 유를 창출하는데 그야말로 참말로 민족을 사랑하고 이 일을 몸바쳐 해내겠다는 애국심의 표출이지. 우리 신부들은 반성할 게 많아. 우리는 그렇게까지 교회를 사랑하지도 않고 민족을 사랑하지도 못해. 해 놓은 것도 그렇고… 정말 대단히 훌륭해. _「기쁨과 희망」06호.

김병상 몬시뇰은 취임식에서 "친일파와 그를 비호하는 친일세력들이 독립운동가와 민족운동세력을 박해하고 탄압하는 용납할 수 없는 현실에 정면으로 맞서, 역사정의를 부르짖는 사람들이 모인 곳이 민족문제연구소"이며 그동안 "철옹성 같던 어둠의 역사에 상식과 정의의 숨결을 불어 넣었으며, 역사정의실현의 교두보를 마련했다"고 말했다. 이렇듯 시민들은 스스로 '역사정의'를 세우겠다고 나섰다. 사회 곳곳의 친일 역사를 청산하는 길에 이

제 김병상 몬시뇰이 있었다.

2008년 10월 취임식을 시작으로 2009년 11월 『친일인명사전』 발간까지 약 1년간 임종국상 시상식, 회원수련회, 정기총회 등 연구소의 여러 행사에 경험하시면서 김병상 신부님은 연구소 회원들이야말로 진짜 애국자라는 과분한 말씀을 해주셨어요. 사실 민족문제연구소가 순전히 역사연구자들만의 모임이었다면 정권 입장에서는 요리하기는 쉬웠을 거예요. 하지만 김병상 신부님처럼 유신독재와 군부정권 세력에 맞서왔던 분들이 앞에서 지켜주었기에 이명박 정권 5년의 터널을 무사히 지나올 수 있었습니다. _ 방학진, 2018.10.26. 면담자 한상욱.

친일인명사전 발간과 가톨릭교회

2009년 11월 8일, 오후 2시, 민족문제연구소는 서울 효창동 백범 김구 묘소 앞에서 '친일 인명사전 발간 국민보고대회'를 열고 『친일인명사전』을 공개하였다. "오늘은 기쁘고 즐거운 날", "7천만 겨레의 염원이 실현된 날"이라며 500여 명 참가자들은 환호했다. _「오마이뉴스」, 2009.11.08.

국회에서 『친일인명사전』 연구 예산이 전액 삭감되었지만 7억 원에 달하는 국민성금이 모이면서 시민의 힘으로 『친일인명사전』이 완성되는 감동적인 순간이었다.

『친일인명사전』 발간을 이틀 앞두고 대관 계약까지 마친 숙명여대 숙명아트센터 측에서 일방적으로 대관 취소를 통보해 왔어요. 이유는 박정희 지지자들의 과격 시위가 예상된다는 것이었습니다. 합법적으로 대관된 행사에 과격시위가 예상되면 경찰을 불러 불법시위자들을 차단하면 될 일이 아닌가요. 그래도 어쩌겠어요. 『친일인명사전』이 순순히 세상에 나온다는 것이 이상한 시절이라 여기고 부랴부랴 숙명여대가 아닌 다른 장소를 준비해 두어야 하는 상황이었어요.

드디어 11월 8일 아침. 예상대로 숙명여대는 박정희 지지자들보다 더 많은 숫자의 경찰들이 우리를 막아섰고 잠시 대치 후 인근 효창공원 백범 김구 선생 묘소로 자리를 옮겨 『친일인명사전』 발간 보고대회를 가졌습니다. 결과는 대성공이었어요. 참가자들 모두 오히려 백범 묘소에서의 발간 보고대회가 더 뜻 깊다고 말했습니다. 다들 독립군이라도 된 듯이 뿌듯한 표정들이었어요.

이날 보고대회의 절정은 이사장인 김병상 몬시놀을 비롯해 임헌영 연구소장, 사전 편찬을 총지휘한 윤경로 편찬위원장 세 분이 3

『친일인명사전』 발간 국민보고대회'에서 임헌영 민족문제연구소장, 윤경로 전 친일인명사 편찬위원장, 김병상 민족문제연구소 이사장이 백범 김구 선생 묘소에 『친일인명사전』을 헌정하고 있다(2009년 11월 8일). ©민족문제연구소

권인 『친일인명사전』을 백범 영전에 올리는 장면이었습니다. 숙명여대에서였다면 절대로 연출할 수 없는 이 감동적인 장면은 감히 생각하건대 한국 근현대사에 길이 남을 역사적 순간일 것입니다. _ 방학진, 2018.10.26. 면담자 한상욱

『친일인명사전』에는 모두 4,389명의 친일 행적이 자세히 기록되었다. 그러나 사회 곳곳의 지도층에 속해 있는 친일인사의 후손들은 거세게 저항하며 민족문제연구소에 비난의 화살을 쏟아냈다. 역대 친일 사주를 둔 조선·동아일보의 여론 왜곡과 정치·종교계의 반발은 점점 거세어져 갔다. 이들에게 친일 역사에 대한 부끄러움은 없었다. 오로지 자신들의 조상이 저지른 치부가 드러나는 것을 막아내는 것에만 급급했다.

수구세력이 동원되어 『친일인명사전』 발간 보고대회를 방해하였다. 친일파 후손들은 민족문제연구소에 명예훼손을 당했다면서 손해배상 청구소송과 '『친일인명사전』 발행 및 게시 금지 가처분 신청'을 내며 끝까지 발간을 저지하려 했다. 그러나 진실의 힘을 지키는 이들에 의해 이러한 시도는 좌절되었다. 마침내 국민 앞에 일제 강점기의 친일 역사와 부끄러운 행적의 민낯이 드러났다. 민족문제연구소 이사장인 김병상 몬시뇰은 기득권층의 『친일인명사전』에 대한 맹목적 비난과 광기의 화살을 맨 앞에서 막아냈다.

공개된 친일 행적에 박정희 전 대통령은 1939년 '일제에 충성하겠다'는 혈서를 쓰고 일본 만주군에 들어가 복무했으며, 장면 전 총리는 친일 천주교단체의 이사직을 맡은 것이 드러났다. 동아일

보 사장과 부통령을 지낸 김성수는 "대동아 전쟁에 참전하라"고 촉구하는 글을 여러 차례 쓴 것으로 드러나 『친일인명사전』에 이름이 올랐다. 한국천주교회 역시 친일 역사에서 자유롭지 않았다.

서울대교구는 7월 28일 민족문제연구소에 공문을 보내 친일 명단에 가톨릭 인사를 포함하는 것에 대해 재고해 줄 것을 요청했다.

서울대교구는 공문에서 "노기남 대주교 등 가톨릭 인사 7명이 『친일인명사전』 수록 인물 명단에 포함된 것은 대부분 국민정신총동원천주교연맹, 국민총력천주교연맹 등 단체에 간부로 속해 있었기 때문"이라고 주장했다. "전쟁 마지막 시기에 종교 등 각 단체 책임을 진 인물은 일본이 강압적으로 만든 총동원 단체의 장이 될 수밖에 없는 불가피한 상황이었음을 고려해야 한다"고 강조했다. _ 「가톨릭평화신문」, 2008.08.03.

그러나 민족문제연구소는 "가톨릭교회의 친일은 명백한 역사적 사실이며, 일부의 일탈이 아닌 조직적 친일"*이며, 그럼에도 현재까지 교회는 반성은커녕 친일에 책임을 져야 할 인사들을 적

---

* 서울교구는 1938년, 일제가 조직한 관변 전쟁협력단체 '국민정신총동원조선연맹'에 가입했으며, 그 대표는 라리보 주교(Adrien Joseph Larribeau), 실무 책임은 장면이었다. 서울교구는 1939년 5월 종교단체로는 처음으로 총동원조선연맹 산하 '국민정신총동원 천주교경성교구연맹'도 조직했다. 이 단체의 이사장은 라리보 주교 이사는 노기남 주교 외 사제 4명, 평신도 7명이 맡았다. 노기남 대주교는 "폐하와 제국의 현명한 통치가 없었던들 우리가 오늘날 천주교회 신자로서 교회의 모든 본분을 안온하게 지켜가고 있었을지가 의문이다. … 대동아 건설의 대이상을 실현하기 위하여 일억일심으로 만민익찬의 신체제를 강조하는 이 시기, 천주교 신자로서 국가정책에 적극 호응하기 위해"라는 발언으로 일본의 식민지 정책에 지지를 보냈다.(1940년 매월 첫째 주일을 '교회 애국일'로 지정하며, 노기남 대주교 발언).

극 옹호하고 있다는 입장을 밝히고 서울대교구의 이의제기를 받아들이지 않았다. 민족문제연구소 이사장 김병상 몬시뇰과 한국 천주교를 상징하는 서울대교구가 서로 대립하는 기이한 상황이 벌어졌다. 「가톨릭신문」 등 교계 언론은 사설과 기사를 통해 가톨릭교회의 친일문제를 민족문제연구소의 편협한 역사인식이라고 비판하며 서울대교구를 옹호했다. _「가톨릭신문」, 사설, 2008.05.11.

서울대교구는 대변인 신부의 이름으로 유감이라는 성명을 발표하였다. 김병상 몬시뇰은 서울교구의 이의 신청을 수용하지 않았기에 교회로부터 거센 비난을 받아야 했다. 김병상 몬시뇰은 자신이 평생을 함께 살아온 교회와 사제들로부터 받아야 하는 외면과 손가락질에 가슴이 저려왔으나 진실을 포기할 수 없었다.

『친일인명사전』을 보면, 노기남 대주교, 장면 박사 등 교회 사람 몇이 거기에 등재되어 있는데, 서울교구에서 반박 성명서 냈지. 서울교구 어떤 사람인가, 참말로 바보같은 사람이지. 교회가 반성하고 회개하는 성명서를 내지 않는 한 가만히 있는 게 현명한 거거든. 왜냐하면 「경향잡지」에 다 있어요. 나는 친일파입니다, 나는 민족을 배반한 사람입니다, 나는 일본 앞잡이가 되었습니다, 라고 다 쓰여 있거든. 근데 그걸 보고 어떻게 아니라고 해? 할 말이 없지. 뭐라고 하면 수치만 더해지는 거야. 일제강점기에 일본이 한국을 영구지배하려고 조직적이고 계획적으로 시민들을 교육시키는 일련의 작업이 있었다는 자료들이 속속 들어오고 있어. _「기쁨과 희망」 06호.

이후 2017년 11월 1일 민족문제연구소와 기쁨과희망사목연구원 주최로 '일제강점기 파시즘과 한국교회' 심포지엄이 열렸다. '전시체제기 가톨릭교회의 부일협력' 주제 발표에서 일제강점기에 가톨릭교회가 일제 지배정책에 협조했으며, 『친일인명사전』에 등재된 가톨릭 인사들에 대해 교회가 어떠한 입장을 취하고 있는지에 대한 근거가 제출되었다. 일제강점기 한국 가톨릭교회와 당시 교회를 관할했던 파리외방전교회 선교사들은 일제강점 초기부터 일제와 원만한 관계를 유지하며 일제 지배를 환영하기까지 했다. 또 파리외방전교회 선교사들은 선교권만 보장해 준다면 일제의 식민지 정책을 모른 척 할 수 있었다.

당시 선교사들은 한국인들에게 자주독립의 능력이 떨어지므로 헌법에서 종교의 자유를 인정하는 일제의 통치를 받는 것이 낫다고 인식했으며, 가톨릭 선교사들이 독립운동을 부정하며 내세운 논리는 '정교분리론'이었다.

그러나 이 원칙은 일제의 강점기를 인정하고 지배정책을 따르는 순간 이미 무너진 것이나 다름없었다. 민족문제연구소는 일제강점 시기, 가톨릭교회가 이러한 방침에 반대하거나 저항하지 않았으며 '교회는 불가 방침을 고수하던 신사참배까지 허용하면서 이념마저도 일제에 종속되어 갔다'며 '이 시기 가톨릭교회의 친일은 일제의 압박을 탓하기에는 너무도 적극적이고 노골적이었으며, 정세의 변화와 상관없이 이전부터 계속되던 순응과 협력의 연장선상이었다'고 설명했다. _ 박수현, '일제강점기 파시즘과 한국교회', 기쁨과희망사목연구원 심포지엄, 2017.11.01.

그리고 민족문제연구소는 "1970~80년대 민주화와 한반도 평화 노력, 불의에 저항한 가톨릭교회에 대한 기억이 온전히 전통으로 남기 위해서는 원죄인 과거 친일행적에 대한 진정한 참회와 반성이 필요하다"고 제언했다. _「가톨릭뉴스 지금여기」, 2017.10.31.

김병상 몬시뇰의 지나온 삶에서 경험했던 현대사와 교회는 따로 분리할 수 없는 주제였다. 한국천주교회는 일제강점기의 부끄러운 역사를 돌아보는 깊은 성찰과 참회의 시간이 필요했다. 교회는 친일 문제를 회피하였으나, 김병상 몬시뇰은 교회가 저지른 친일행위를 숨기지 않았으며 마주보았다.

> 교회가 그동안에 보였던 태도는 당시 호교론적 입장에서 부득이한 결단이요, 협력이었다고 말해왔다. 당시 교회의 친일협력이 많았지만 특히 젊은이들이 일본의 침략전쟁에 나가야 한다는 것을 신자들에게 말로, 글로 강조해 왔다. 당시 상황에서 협력할 수 없었다고 하지만 그때 군대에 끌려간 죽은 많은 젊은이들과 그의 가족들에게 고개를 숙이지 않을 수 없다. 일제의 침략과 잔인한 억압 앞에서 목숨을 바쳐 저항하고 독립을 외치다 죽어간 많은 선혈들에게 부끄러운 것이다. _「기쁨과 희망」 06호.

김병상 몬시뇰에게 교회는 세상과 담을 쌓는 교회가 아니었다. 역사를 거스르지 않고 민중의 삶을 보듬고 살아가는 존재가 교회였다. 어떤 어려움이 닥쳐도 사제는 사회의 등불이 되고 소금이 되어야 했다. 그래서 『친일인명사전』 발간으로 세상의 진실이 드러나는 것을 보며 김병상 몬시뇰은 커다란 자부심을 느꼈다. 그러나 교회가 자신이 저지른 친일행위를 애써 외면하는 것을 보며 가슴이 아팠다.

> 천주교 사제로서 부끄럽다. 아마도 그 명단에 오른 사람의 후손이 한국천주교회 안에서 아주 높은 위치에 있기 때문이리라. 이같은 행동이 과연 친일 조상 땅 찾겠다고 소송을 거는 파렴치한 친일 후손행위와 다르다 할 수 있을까?
> 예수는 하느님과 맘몬을 둘 다 섬길 수 없다고 말했다. 친일이나 오늘의 사회문제나 다 맘몬을 선택한 결과이다. 회개하여 하느님을 선택하는 길, 그게 친일 청산이고 오늘의 사회문제에서 진짜 벗어나는 길이다. _「기쁨과 희망」06호.

지금으로부터 10년 전, 김병상 몬시뇰이 민족문제연구소 이사장직을 수행해 준 것에 대해 연구소 직원들은 고마운 마음을 간직하고 있다. 민족문제연구소 직원들은 '소박하고 마음씨 좋은 이웃 할아버지'로 김병상 몬시뇰을 기억하고 있다.

> 신부님께서 이사장을 맡으며 연구소를 지켜주셨던 지난 10년 전을 생각하면 지금 연구소는 많은 발전과 성취를 이뤄냈습니다. 그것은 10년 전 낯선 단체였지만 기꺼이 함께 해주신 신부님의 따뜻한 손길 덕분이 아닐 수 없습니다. 새삼 '음수사원 굴정지인'飮水思源 掘井之人. 물을 마실 때에는 그 근원을 생각하고, 우물을 판

사람을 생각하라의 가르침을 되새기게 됩니다. 『친일인명사전』 발간 10주년이 되는 2019년 11월, 신부님을 모시고 백범 묘소를 가고 싶습니다. _ 방학진, 2018.10.26. 면담자 한상욱.

김병상 몬시뇰이 2008년 민족문제연구소 이사장직으로 일할 때 연구소 소장은 문학평론가 임헌영이었다. 임헌영 소장은 김병상 몬시뇰과 인천교구의 최 분도 신부와 오랜 인연을 가지고 있었다. 임 소장은 1970년대 유신독재 시절, 고문과 조작에 의해 이루어진 인혁당사건, 남민전사건과 관련되어 있었다. 최 분도 신부는 인혁당 사건 관련자로 도피 중인 이재문의 부인인 김재원 여사와 어린 남매들을 돌봐주었다. 그때 임헌영 소장은 최 분도 신부를 만났다.

작년2017년 봄 어디선가 가톨릭 인천교구 사제였던 고 최 분도 Benedict Zweber, 1932-2001 신부의 평전인 『가거라! 내가 너를 보낸다』에 대한 안내 기사를 보며 울컥하며 홀연히 저 어두웠던 1970년대의 후반기를 떠올렸던 적이 있었다.
박정희의 유신통치가 정면 공격을 당하면서 한참 휘청거렸던 시기에 나는 모종의 인연으로 이재문 선생과 자주 만난 적이 있었다. 수사당국은 이재문 체포에 혈안이 되어 있었다. 남편에 못지않은 투사인 부인 김재원 여사가 어린 남매들을 데리고 자리잡은 곳이 바로 인천 최 분도 신부의 성당이었다. 신부님은 김재원 여사의 정황을 익히 알고서 스스로 보호해 주고자 그 가족을 성당에 기거토록 하여 정보기관의 감시가 따랐다. 이때 이재문 선생과 가족의 안부 및 최 분도 신부님에게 감사의 인사를 전하며 소식을 전하는 역할을 내가 잠시 맡았던 적이 있었다.

그때 가톨릭계의 전위적인 투사로 김병상 신부님의 이름이 자주 올랐다. 그러나 1979년 10·26 직전 나는 이재문 선생과 얽혔던 사건으로 감옥행을 해버려 고명한 김 신부님을 뵐 기회를 놓쳐버렸다. 그런데 내가 정작 놀란 것은 최 분도 신부의 평전 『가거라! 내가 너를 보낸다』를 출간하도록 앞장서신 분이 바로 김병상 신부님이라는 것이었다.

아, 저 암울했던 1970년대 하반기에 신세졌던 최 분도 신부님의 평전을 2010년대에 민족문제연구소 이사장님으로 내가 크게 신세졌던 김병상 신부님이 앞장서서 내주셨으니 나는 결국 세기를 뛰어넘어 김병상 신부님에게 큰 짐을 드렸구나 하는 묘한 인연을 느꼈다. _ 임헌영, 2018.11.06., 서면인터뷰 한상욱.

임헌영 소장이 김병상 몬시뇰을 직접 만나게 된 것은 1983년 김상현 의원을 통해서였다. 김상현 의원은 어느날 임헌영 소장에게 '예술의 전당에서 유럽 고전 오페라 공연을 하는데 김병상 신부님이 오시기로 했으니 함께 가자'고 하여, 김병상 신부와 첫 만남을 갖게 되었다.

이런 유구한 인연으로 맺어진 김 신부님과 본격적인 관계가 형성된 계기는 민족문제연구소 이사장으로 모시면서였다. 연구소는 초대 이사장으로 이돈명 변호사에 이어 2대 이사장이셨던 독립투사 조문기 의사가 작고하시면서 부득이 3대 이사장을 모셔야 할 형편이었다. 김병상 몬시뇰에게 매달리기로 했다. 햇수로 5년 간 연구소 이사장 직을 수행하시면서 김 신부님은 평화의 사제로 일관하셨기에 너무나 황송했는데, 건강문제로 간곡히 쉬게 해 달라고 하셔서 무거운 짐을 함세웅 신부님에게 인수했다. 그런데도 민족문제연구소의 큰 행사 때면 먼 길을 마다않고 언제나 참석하셔서 자리를 빛내주셨다. 재임 중 가장 큰 보람은 아마 민족문제연구소의 숙원이었던 『친일인명사전』을 발간, 그 기념식을 효창공원의 백범 김구 선생님 영전에 바쳤던 행사일 것이다.

민족문제연구소는 한번 동지는 영원한 동지라는 인식을 갖고 있어서 김 몬시뇰 신부님은 영원한 이사장으로 기억될 것이다. 몬시뇰은 빨간색 수단을 입을 수 있는 영예로운 칭호라고 들었다. 신부님의 큰 품은 우리 현대 민주화운동사에서 '인천 하늘의 붉은 독수리' 신부님으로 길이 남을 것이다. _ 임헌영, 2018.11.06., 서면인터뷰 한상욱.

기록하고 성찰하다, 기쁨과희망사목연구원

정의구현사제단은 창립 20주년인 1994년을 맞이하며 정의구현사제단 활동과 역사를 계승하기 위해 1996년 1월 창립총회를 열고 '기쁨과희망사목연구원'을 출범하였다. '기쁨과 희망'은 제2차 바티칸공의회에서 발표된 문헌 가운데 공의회의 꽃이라 불리는 '사목헌장'의 첫 문장이자 제목이다.

사목헌장은 말 그대로 교회공동체가 양을 돌보고 양을 위해 목숨을 바치신 스승이며 목자이신 예수님을 본받아 세상을 껴안고 세상 안에서 세상의 변혁과 구원을 위하여 투신해야 할 목자로서의 사명을 되새긴 다짐이며 선언이다. _ 함세웅 신부, 기쁨과희망사목연구원 인사말. http://gaspi.org/intro.htm.

민족과 민중의 삶의 현실에서 교회는 과연 어디에 위치해야 하는가? 이러한 성찰에서 출발한 것이 바로 기쁨과희망사목연구원이었다. 기쁨과희망사목 연구원의 시작은 정의구현사제단의 1세대 사제들이었다. _ "사제단이 몸이라면 연구원은 머리였다. 모순투성이 세상에 '기쁨과 희망' 심는다.", 「경향신문」, 2008.06.20.

2000년 초부터 김병상 몬시뇰은 현재에 이르기까지 기쁨과희망사목연구원의 이사장으로 활동하고 있다. 연구원장은 정의구현사제단 활동을 이끌었던 함세웅 신부이다. 함세웅 신부와 김병상 신부는 정의구현사제단 초기부터 지금까지 서로를 신뢰하며 오랜 세월을 함께 해왔다. 이들은 시민사회에서 누군가는 맡아야 할 어려운 중책이 생기면 서로 번갈아 맡으며 한국 시민사회의 원로 역할을 하고 있었다.

연구원의 부이사장은 노무현 대통령의 대부로 불리며 부산지역 민주화운동을 이끈 송기인 신부였으며, 인천교구 황상근 신부, 전주교구 문정현 신부 등이 이사로 활동하고 있다. 대부분 정의구현사제단 초기부터 활동해왔고 현재는 은퇴한 원로 사제들이다.

연구원은 창립 후 1970~80년대 민주화운동 자료를 모으고, 체험 증언 자료를 발굴하여 『암흑속의 횃불』 8권을 발간하였다. 그리고 민족과 교회의 현실을 반성하는 연례 심포지엄을 주최하며 이 시대의 신앙인이 살아가야 할 방향을 제공하고 있었다.

그동안 이명박·박근혜 정부 등장과 새로운 독재 앞에서 많은 이들이 좌절했다. 김병상 몬시뇰은 새로운 독재를 목격하고 세상과 교회의 답답한 현실을 보며 근본적 성찰을 하였다.

> 돈이 하느님의 자리를 대신한 다음부터 세상은 돈만 바라보았습니다. 우리도 예외는 아니어서 내 마음에 하느님을 지워버리고 돈을 채워두려고 했습니다. 그 마음은 본래 우리가 지녔던 공감

과 위로, 연대의 숭고한 가치를 앗아갔습니다. _「말씀의 뜨락」, 기쁨과희망사목연구원, 2012.01.17.

모두 잘 살 수 있다는, 아니 부자가 되겠다는 욕망에, 최소한의 도덕적 양심마저 내어 버린 탓이 아닌가 싶습니다. 어쩌면 우리 신앙인들마저 복음적 삶의 가치를 너무나 쉽게 내려놓은 것이 아닌가 싶습니다. 이제 아무도 우리에게 길을 가르쳐주지 않습니다. 교회가 제시하는 이정표도 혼란스럽기만 합니다. 혹 우리 신앙의 근거인 예수 그리스도마저도 잃어버린 것은 아닐까요. _'다시 길을 나서며', 기쁨과희망사목연구원, 2008.06.11.

정의가 강물처럼, 지학순정의평화기금 이사장

 김병상 몬시뇰은 2004년부터 사단법인 지학순정의평화기금 이사장직을 지금까지 맡아오고 있다. 전임 이사장은 윤공희 대주교였다. 김병상 몬시뇰이 이사장을 맡게 된 것을 어쩌면 당연한 일이었다. 김병상 몬시뇰의 삶의 방향에 결정적 영향을 끼친 것이 지학순 주교 구속과 정의구현사제단 활동이었기 때문이다.

 김병상 몬시뇰은 지학순 주교의 정신을 계승하기 위해 처음부터 이 단체에 관여하였다. 이후 지학순 주교의 선종 1주기를 추모하며 지학순정의평화기금이 만들어졌고 전 세계적으로 가난하고 억압받는 이들을 위해 일하는 단체를 지원하였다. 지학순정의평화상은 '정의평화활동에 모범적으로 헌신한 개인이나 단체에 줌으로써 이 땅에 정의가 강물처럼 흐르게 하고, 평화와 사랑이 넘치는 하느님 나라를 세우는 것을 목적'으로 제정되었다.

 지학순정의평화상이 제정된 1997년부터 현재까지 국내외의 노동, 인권, 환경운동 영역의 단체들이 수상을 하였다. 주로 제3세계의 인권운동과 민중운동의 최전선에서 국가권력과 자본에 저항하는 개인과 단체가 '지학순정의평화상'을 수상하였다. 파키스탄, 방글라데시, 인도네시아, 스리랑카, 우즈베키스탄, 필리핀, 국제가사노동자연맹 등 민중운동 단체와 개인, 국내에서는 불평등한 SOFA 개정 국민행동과 전국민주노동조합총연맹이 수상하였다.

김병상 몬시뇰에게 지학순 주교는 자신의 삶에 가장 큰 영향을 준 분이었다. 지학순 주교 구속사건으로 정의구현사제단을 만드는 데 앞장서게 되었으며, 자신의 사제 생활에서 가장 잘한 일이며 기억에 남는 순간이었다. 이러한 인연으로 지금까지 지학순정의평화기금 이사장직을 지속하며 헌신적으로 이끌어 오고 있다.

2011년 지학순정의평화기금의 이사들과 천주교인권위원회, 동일방직 노동자들이 김병상 몬시뇰 팔순을 맞아 조촐한 축하연을 열었다. 지학순정의평화기금 이사인 문학평론가 구중서는 김병상 신부에게 다산 정약용의 서간문에 나오는 '불우국비시야不

2015년 3월 11일 제18회 지학순 정의평화상 시상식. 2004년부터 현재까지 김병상 몬시뇰은 지학순평화기금 이사장으로 활동하고 있다. ⓒ가톨릭평화신문

憂國非詩也, 나라를 걱정하지 않으면 시가 아니다를 선물했다. 그리고 1970년 후반부터 동일방직 해고노동자로 인연을 맺어온 정명자 시인은 함께 했던 시절을 기억하며 시를 낭송했다. 김병상 몬시뇰을 위한 헌시였다.

사랑

장기집권의 욕망으로 가득찬 1970년 탐욕의 시대부터
거짓으로 난무한 2011년 말장난 시대인 오늘에 이르기까지
민주화를 외치는 뜨거운 함성의 거리에서
새 날을 펼치는 넓은 광장이 있습니다.

일자리를 빼앗긴 어린 노동자들의 눈물로 시작하여
노예처럼 일해도 항상 불안한 비정규직 노동자의 아픔을
모두 끌어안고 함께하는 큰 사랑이 있습니다.
꽃보다 아름다운 사람이 희망인 세상을 만들기 위해
소외된 자의 손을 잡아주고 목마른 자에게 마실 물을 나누어주며
세상을 끌어안는 낙천적인 온화함이 있습니다.
영원한 청춘 우리들의 원로 사제님 바로 당신이십니다.
당신과 함께 한다는 것
존재의 가치를 일깨우는 기쁨이며 희망입니다.

당신과 함께하는 삶, 더할 나위 없이 아름다운 큰 축복입니다.
그래서 우리는 당신을 사랑합니다.

답동성당에 세워진 민주화운동 표석

2017년 6월 3일, 답동주교좌성당 마당에서 6월민주항쟁 30주년 기념 표석 제막과 축복식이 열렸다. 답동성당은 1970~80년대 민주화운동의 역사를 간직한 곳이다. 성당 입구 오른쪽 동산에 세워진 표석 하단에는 '6월의 꽃, 촛불로 타오르다'라고 새겨져 있다.

김병상 몬시뇰은 언젠가 자신의 사제생활 중 가장 긴 시간을 보낸 이곳에 민주주의 기념탑이 만들어지길 원했다. 민주주의는 스스로를 태우는 촛불처럼 헌신을 통해 길고 긴 고난의 길을 통과한 후 성취된다는 고귀한 뜻을 사람들이 언제나 기억하고 실천하길 바라서였다.

답동주교좌성당 마당에 민주화기념탑이 세워지던 날, 김병상 몬시뇰은 축사를 통해 "1987년 대통령 직선제 도입은 시민사회의 민주화에 대한 열망으로 이뤄낸 결과"라며 "30주년을 맞은 6월민주항쟁의 정신을 기억하며 이 땅에 참 민주주의를 위해 끝까지 노력하자"고 참석자들을 격려했다.

답동주교좌성당과 가톨릭회관은 1970년대 유신독재의 저항의 출발점이며 1980년대 군사독재 정권에 저항했던 상징적 공간이었다. 1987년 6월 민주화운동에 불을 지폈던 박종철 고문치사 사건과 이어진 추모미사, 호헌철폐를 외친 인천교구사제단 단식, 5월 광주 추모기간을 거쳐 6월민주항쟁과 가톨릭회관 농성에 이르기까지 숨가쁜 민주화의 여정은 이곳을 중심으로 벌어졌다. 이러한 과정에서 답동성당과 가톨릭회관은 많은 이들에게 인천지역 민주화운동의 '역사적 장소'로 여겨지게 되었다. 거슬러 올라가면 1970년대 유신독재 저항의 중심이었으며 1980년대 당시 부주교로 교회와 사회를 연결하면서 6월민주항쟁으로 이어지는 민주의 물길을 낸 사람이 바로 김병상 몬시뇰이었다.

2017년 6월 3일 6월민주항쟁 30주년을 맞아 인천교구 답동주교좌성당 마당에 민주주의를 기리는 표석 제막식을 가졌다. ⓒ가톨릭평화신문

후배 사제에게 보내는 충언

김병상 몬시뇰이 사제로서 살아온 삶은 한국 교회의 역사와 암울했던 현대사의 한 가운데에 있었다. 그의 교회에 대한 한없는 사랑과 평생 추구했던 정의·평화·민주주의 가치는 여전히 살아 숨쉬고 있다. 김병상 몬시뇰에게 가장 커다란 신앙의 원천은 어릴 적 자란 요골공소에서 배운 순교자의 삶이었으며, 김병상 몬시뇰은 이를 언제나 자랑스럽게 여기고 있었다. 김병상 몬시뇰에게 한국교회의 가장 큰 힘은 순교자의 피였다. 그래서 순교자 김대건 신부는 자신이 가장 닮고 싶은 사제였다.

"우리가 언제 애정을 갖고 그리스도의 가르침을 국민들에게 전파한 적이 있나. 김대건 신부를 봐. 26살의 젊은이 아냐. 그 꽃다운 젊은이의 하느님 사랑, 민족 사랑을 봐. 그분은 한국천주교회와 민족을 위해 온전히 투신했잖아. 출신 성분을 보면 솔뫼의 재력가이자 순교자 집안이고, 또 서양식 학문을 익힌 인재였지. 오죽하면 당시 조정에서도 그의 실력이 아까워 살려주고 싶었을까."

김 신부는 김대건 신부의 일생을 머릿속에서 잘 요약하고 있었다. 그리고 김대건 신부가 한국 사제들의 주보가 된 것에 무척이나 다행이라고 했다. 순교자의 땅에서 살아야 하는 한국의 사제들은 태생적으로 김대건 신부의 운명을 외면할 수 없을 것이다. 김 신부는 그것을 힘주어 말하고 싶어했다.

하느님 나라의 의로움을 위해 공부하고, 또 그것을 위해 죽을 각오를 한다는 거, 그거 쉽지 않아. 더구나 26살 나이, 한창 열정이 넘치던 때 교회를 위해 순교한다는 거. 그거 쉽지 않은 거여. 그 단호한 삶 참 매력적이야. 한국 사제들의 주보가 되고도 남는 분이여. _ '정의와 실천이 순교가 아니던가', 「기쁨과 희망」 13호, 2014.

이제 80대 후반의 노사제는 자신이 살아온 삶을 뒤돌아보며 후

2014년 세월호 참사 진상규명과 민주주의 회복을 위한 천주교 인천교구사제단 단식기도회를 시작하면서 후배 신부들과 몬시뇰이 함께 하고 있다.

배 사제들에게 어떠한 사제의 삶을 살 것인가를 묻는다. 그리고 참된 교회가 무엇인가를 끊임없이 성찰하고 있다.

> 신부가 어떤 특권층의 지위도 성스러운 직책도 아니거든. 화려한 불빛 뒤에 뭐가 있어? 신부들이 자신을 불사르는 것 봤어요? 정의구현 사제들도 마찬가지야. 사제를 신성시하면 사제는 자유롭지가 못해. 자유가 없어지거든. 자아가 상실된 채 살아가는 거잖아. 사제에게 특권적 지위가 없어요. 그저 편안하게 생각하고 자유롭게 살라고 말하고 싶어. _「기쁨과 희망」 06호.

김병상 몬시뇰은 자신이 평생 살아온 교회에 대하여 질문한다.

> 한국교회는 외형적으로 큰 성장과 발전을 하고 있지만 과연 이 민족과 역사 앞에 역할을 확실하게 하느냐 묻는다면, 그리고 우리 후손은 순교한 선조들 앞에 떳떳하게 살고 있는지, 선조님들이 피흘려 하느님의 사랑과 정의를 증거한 그 용기를 닮고 있는지, 하느님의 이름으로 죽어간 선조들 앞에 후손다운 자부심과 떳떳함이 있는지는 의심이 간다. _ 김병상 몬시뇰 일기, 2008.09.02.

6
따뜻한 동행

그리스도와의 온전한 동행

김병상 몬시뇰의 기억은 총총하다. 오래전 글씨로 빼곡히 쓴 '나의 사제생활'이라는 기록을 보면 어릴 적부터 사제가 되기까지 그리고 사제생활을 하면서 겪었던 삶, 민주화의 길에 참여한 일, 세상 속으로 더 깊이 투신한 은퇴 후의 삶 등 사제로서 경험한 세상과 교회에 대한 성찰 등이 담겨 있다.

김병상 몬시뇰 삶을 다시 기억해 본다. 김병상 몬시뇰은 1932년생 충남 공주 출생으로 태어났다. 부모님은 가난하고 소박한 농부였다. 전쟁이 일어나기 전인 1948년 용산신학교에 입학하여 전쟁 와중인 1953년 폐결핵으로 신학교를 떠나게 되었다. 김병상 몬시뇰은 10년의 투병생활을 하면서 원망이 많아져 어머니 가슴에 비수를 꽂은 것을 후회한다고 일기에 기록했다. 그러나 10년의 투병생활 후 다시 1963년 대신학교에 입학하여 1969년 서른세 살의 나이에 꿈에도 그리던 사제의 길을 걷게 되었다.

그는 늘 기억하고 있다. '나는 한국교회의 역사에서 630번째 사제로 태어났다.' 김병상 몬시뇰의 메모장 한 귀퉁이에 진한 펜으로 새겨진 문장이다. 돌아보면 그의 어릴 적 가장 큰 기억과 자부심은 박해를 피해 모인 교우촌이었고 자신이 순교자의 후손이었다는 사실이었다. 꿈 같았던 요골공소의 추억은 나이가 들어서도 가슴속에 숨겨 두었다가 언제 끄집어내어도 새로웠고 그렇게 기억하고 또 기억하였다.

수많은 순교자의 죽음으로 이어온 천주교의 역사는 곧 자신이

사제로서 살아가는 주된 정체성이었다. 그리고 친한 이들에게 그 이야기를 언제나 가슴 설레는 아름다운 동화처럼 들려주고 또 들려주었다. 김병상 몬시뇰은 일제 강점기에 태어나 한국 현대사를 관통하며 교회 역사의 한복판에 선 증인이다. 김병상 몬시뇰은 1970년대 중반 이후 1987년 초까지 교구청 사무국장과 총대리신부로 12년 그리고 25년의 본당사목을 거쳐 37여 년 동안 현직 사제생활을 마치고 2006년 11월 은퇴사제가 되었다.

교회에 충실한 사목자로, 시민사회의 대부로, 정의로운 사회를 위해 맨앞에서 싸워왔던 시간이었다. 누구보다도 교회와 사회를 위해 헌신적인 삶을 살았고 지역 시민사회에서 존경받는 원로사제가 되었지만 그 고백은 무척 겸손했다. "신부로도, 민주화운동에도 헌신적으로 투신하지 못해 하느님 앞에 부끄럽다." _「한겨레신문」, 인터뷰, 2006.11.25.

민주화의 거목 김병상

사제로서의 삶과 신앙을 하나씩 풀어보면 수많은 인연과 흔적이 겹겹이 쌓인다. 김병상 몬시뇰은 1974년, '지학순 주교 구속사건'을 목격하면서 교회가 무엇인가를 새롭게 깨닫게 된다. 스스로 정의구현사제단의 창립을 주도하며 '민주주의가 회복되고 그리스도의 진리와 정의와 사랑을 실현하는 것이 교회의 길'이며 사제의 삶이라는 것을 체험하게 된다.

이 신앙체험은 이후 김병상 몬시뇰 삶의 방향이 되어 유신독재에 저항했고 1977년 '유신헌법철폐기도회사건'으로 구속되는 경험을 하게 된다. 김병상 몬시뇰에게 '교회와 사회는 하나'이며 이때부터 세상과 쌓은 교회의 담을 하나씩 허물며 세상 속으로 더 깊게 뛰어들었다.

김병상 몬시뇰은 인간 기본권이 유린되고 정의에 어긋나는 것에 '아니오'라고 말할 수 있고, 행동하는 것이 가톨릭의 복음정신이라고 굳게 믿었다. 교회가 민중의 아픔을 껴안고 그들이야말로 하느님의 백성이라는 신앙관과 역사적 눈을 가져야 한다고 생각했다. 이러한 믿음은 유신헌법 철폐운동에 뛰어들게 하였다. 이웃에 살고 있는 동일방직 노동자를 대변하고 1980년대 가톨릭회관을 지역 민주화운동의 거점으로, 군부독재와 맞서는 공간으로 만들어낸 것은 김병상 몬시뇰이 아니었다면 불가능한 일이기도 하였다.

전두환 독재에 막힌 언로를 뚫고 「인천주보」가 시대의 양심을 대변하고 세상의 소금 역할을 하게 된 것 역시 김병상 몬시뇰이 총대리신부를 맡은 시절이었다. 치열했던 1980년대의 한복판을 지나 6월민주항쟁으로 민주화의 길이 숨통이 트일 때 김병상 몬시뇰은 언제나 중심의 자리를 지키고 있었다. 그러나 양심의 소리에 귀기울이며 민중 속에 살아있는 교회의 길을 따라 걷던 길은 쉽지 않았다.

때로는 그리스도의 가르침과 먼 '정치사제'로, 신자들을 돌보지 않고 세상일에만 관심 갖는 사제로 취급받을 때도 있었다. 오히려 교회 밖의 사람들은 김병상 몬시뇰을 자신들과 함께 길을 걸어가는 어른으로 알고 찾아왔다. 김병상 몬시뇰은 인천지역 민주화운동의 지도자로, 한국사회 민주화운동의 산증인으로 자리매김하고 있었다.

평생 민주주의 실현을 위해 뛰어왔다. 그러나 세상은 더딘 걸음이었고 민주주의는 다시 후퇴하였다. 사회 불평등과 인간 존중 가치의 실종, 자본독점과 독재의 회귀로 사회는 혼돈에 빠졌다. 그러나 김병상 몬시뇰은 여전히 세상의 근심이 있는 곳을 살피고 있었다. 김병상 몬시뇰은 "아무도 앗아갈 수 없었던 가슴 벅찬 체험의 역사가 이제 어느 한 구석에서도 찾아 볼 수 없다"며 시대정신을 상실한 것에 절망하기도 하였다. "민주세력도 자본주의의 퇴폐성에 물이 들어가고 도덕적 정당성을 잃어버렸다"고 질타했다.

은퇴미사가 봉헌되는 날, 그는 언론 인터뷰에서 '남은 생애도 약자의 손을 잡고 가겠다'고 하였다. 그의 걸음은 느려져도 더욱 바빠졌다. 약속은 지켜졌다. 김병상 몬시뇰은 자신의 걸음이 허락하는 한 집을 나섰다. 은퇴한 노사제는 걸음을 멈추지 않았고 순례의 길을 따라 고난의 현장을 찾아갔다. 지리산에서 시작된 오체투지의 길, 용산 참사를 당한 철거민의 현장, 자본의 폭력에 쓰러진 쌍용자동차 해고노동자들의 '죽음의 행렬'을 위로하는 미사, 촛불을 든 시청 앞 민주주의 광장, 멀리 제주 강정, 정의와 평화를 위해 누군가 있어야 할 빈자리를 채우기 위해 길을 나섰다.

사제에게 은퇴는 없었다. 오히려 힘들어도 스스로 바쁘게 재촉했다. 사제로서 살아가는 자신의 삶에 커다란 영향을 미쳤던 지학순 주교를 기리는 지학순정의평화기금 이사장으로 전 세계 인권운동가를 지원하였다. 민족문제연구소에서 교회도 자유로울 수 없는 친일파 청산과 역사 바로 세우기 작업을 마다하지 않았다. 지역의 가난한 사람들을 돌보기 위해 실업극복운동 전면에서 조그만 힘이라도 보태려고 애쓰며 살아왔다. 사람들은 그를 '넓은 품을 가진 민주화의 거목'이라고 불렀다. 그가 진실로 추구했던 민주주의는 하느님의 모상을 닮은 '인간'에 대한 따뜻한 사랑과 평화로운 세상을 향한 것이었다.

인천교구의 증거자 김병상

김병상 몬시뇰은 세상과 구분된 교회가 아니라 세상속의 교회에서, 사목자의 길을 걸으며 꺼지지 않는 열정을 불러일으키며 인정받는 사목자였다. 인천교구 초기의 미비한 교회행정의 기틀을 세우고, 늘 따뜻하고 새로운 사목으로 본당사목을 가꾼 능력 있는 사제로 사람들은 기억한다.

김병상 몬시뇰이 1969년 12월 13일 사제로 서품되어 2006년 12월 3일 은퇴하기까지 37년 동안 답동성당1970.1.1.~1971.8.24. 보좌신부, 1975.12.1.~1980.2.17. 주임신부, 김포성당1973.9.1.~1975.11.30., 주안1동성당1987.2.18.~1993.2.21., 만수1동성당1993.2.22.~1999.2.8., 부평1동성당

1999.2.9.~2004.1.25. 등 총 5개 성당에서 사목을 하였다. 또한 상서국장1971.8.25.~1973.8.31.과 총대리신부1980.2.18.~1987.2.17., 학교법인 인천가톨릭학원 이사장 대리2004.1.26.~2006.12.3.로서 세 차례에 걸쳐 교구 살림을 돌보았다.

김병상 몬시뇰이 교구 상서국장과 총대리신부를 맡은 1970년대 초반과 1980년대는 세계 가톨릭교회와 인천교구의 일대 전환기였다. 김병상 몬시뇰이 상서국장을 맡았던 1970년 초반은 인천교구가 교구 설정 10주년을 맞아 1982년 완전자립을 이루기 위해 '제1차 인천교구 발전 3개년 계획'을 실천하기 시작할 때였다.

김병상 몬시뇰이 총대리신부를 맡았을 때는 1984년 한국 천주교 200주년을 맞아 모든 교구가 연차적으로 공동의 사목 목표를 세우고 200주년 기념 사목회의를 개최하는 등 질적 성숙을 이루기 위해 공동 노력을 했을 때였다. 이 시기에 김병상 몬시뇰은 정의구현사제단과 정의평화위원회 활동에 적극 참여하는 것은 물론 총대리신부로서 교구 직무를 성실히 수행함으로써 시대의 요구에 응답하였다.

12년이라는 오랜 교구청 소임 기간 때문에, 김병상 몬시뇰은 다섯 성당에서 사목함으로써 다른 사제들에 비해 비교적 적은 수의 성당에서 사목활동을 했다. 비록 사목했던 성당의 수는 적었지만 김병상 몬시뇰은 부임한 성당마다 늘 새로운 사목 시도를 했고, 새로운 사목은 다른 성당과 사제들에게도 긍정적 영향을 미쳤다.

특히 김병상 몬시뇰이 만수1동성당에서 시작한 '잃은 양 찾기'

와 '새로운 양 찾기' 운동은 인천교구는 물론 한국천주교회 전반에 큰 반향을 일으켜 한국천주교회의 선교운동의 새로운 전기를 마련했다는 평가를 받았다.

전국적으로 '선교의 바람'을 일으키며 8개 교구 사제들에게 선교 강론을 하러 다녀야 했다. 타교구의 사제. 신자들이 선교 견학을 위해 김병상 몬시뇰의 성당을 방문하였다. 부임하는 성당마다 가난하고 소외된 이들을 돌보는 지역교회의 역할을 충실히 수행하며 봉사하는 교회의 상을 만들었다.

김병상 몬시뇰은 사목활동에서 평신도의 인격과 능력을 전적으로 신뢰하였다. 그리고 후배 사제들에게 신자들에게 신뢰를 받는 가장 큰 덕목은 '정직'이라고 말하였다. 사제와 신자들과의 평등한 관계와 신뢰가 있었기에 김병상 몬시뇰의 사목활동은 성장할 수 있었고 많은 이들에게 귀감이 되었다. 사람들은 그를 '반걸음 앞선 사목자'라 불렀다. 그가 평생 머문 곳은 사제로서 살아 온 교회였다. 언젠가 그는 이렇게 말했다.

> 한국교회는 끊임없이 하느님 앞에서 새롭게 쇄신하여 역사와 하느님의 부름에 응답하여야 한다. 교회는 항상 약자의 편에, 약자를 향하여 서 있어야 한다. 그간 한국교회는 우유부단하고 무사안일하며 애매한 태도를 취한 적이 한두 번이 아니었다. 교회의 역사를 돌아보면 강한 자와 가진 자와 어울리면서 그리스도의 참모습을 변질시킨 역사를 쉽게 찾아 볼 수 있다.
>
> 그리고 교회가 젊은이들에게 더 관심을 기울여 활기가 넘치도록

해야 한다. 지금, 부단히 쇄신하지 않는 한 교회는 올바른 제 모습을 지닐 수 없다. 한국교회는 지금 어디에 있는가.

그가 남긴 유산은 우리에게 그리스도를 따르는 증거자의 삶과 정신이 무엇인가를 가르쳐 주고 있다.

부록_
강론

김병상 신부 은경축 미사 강론

신자들을 사랑하는 사제, 신자들로부터 사랑을 받는 사제

이 찬 우 신부
1994년 12월 11일, 주안1동성당

사제는 어떤 사람입니까?

사제, 그는 도대체 누구입니까? 사제는 예수님의 사람입니다. 예수 그리스도의 이름으로 기도하고 미사성제를 집전하며 하느님의 은총을 사람들에게 전달해 주는 사람입니다. 그는 부족한 인간이지만 예수님의 제자로 불리어 하느님의 사업을 하는 사람입니다. 사제가 거룩한 사람이라고 말하는 것은 인간인 그가 거룩해서가 아니라 하느님의 일을 하기 때문에 거룩한 사람인 것입니다. 곧잘 신자들의 험담에 오르고, 작은 결점에도 이러쿵 저러쿵 신자들이 불만스러워하는 사제들이지만, 하느님께 불림을 받았다는 사실은 아무도 부인할 수 없을 것입니다. 사제는 하느님께로부터 불린 사람 히브 5,4입니다. 그래서 사제들의 성격이나 사목활동을 평가하고, 강론을 잘하느니 못하느니 하며 등급을 매기는 일은 없어야 합니다. 미사나 성사는 집전하는 사제들의 열심한 정도에 따라서 은총의 효과가 달라지는 것이 아니라 거행 그 자체로 은총의 효과事效的 效果를 내는 것입니다.

어느 신부가 교중미사를 마치고 배가 고파서 점심을 먹기 위해 사제관으로 급히 들어가려고 하는 찰나에 어느 신자가 묵주를 가지고 와서 축복해주기를 청했습니다. 신부는 묵주를 손에 놓고 기도했습니다. "주님 은혜로이 내려주신 이 음식과 저희에게 강복하소서!" 그래도 그 신자는 좋아하며 "신부님, 감사합니다."하고 인사하며 돌아갔습니다. 축복은 유효했습니다.

사제들은 골고타까지 스승이신 예수님을 따라갑니다. 하느님께서는 개인의 능력이나 인물 됨됨이를 보시는 것이 아니라 인간적인 부족함에도 불구하고 그들을 선택하시어 사제로 만드시는 것입니다.

사제는 성숙한 남자입니다.
결혼을 하지 못한 미숙한 남자가 아니라 이 세상에 하느님의 말씀과 하느님 나라를 선포하기 위해 결혼을 포기한 사람입니다. 사제는 독신으로 혼자 살기에 미숙하고 참을성이 부족합니다. 그러나 그도 나약함과 실수와 때로는 죄과로 점철된 나날을 보내는 '우리 중의 한 사람'입니다.

사제는 성실한, 그러나 평범한 인간입니다.

사제는 은총에 겸허하게 순응하면서 하느님과 타인에게 성실하고자 애씁니다. 그들은 신자들의 고백을 듣고 그 상처를 들여다보며 부드럽지만 용기 있게 충고해 줍니다. 사제는 신자들이 고해소를 물러나면 굳게 마음먹은 다짐이 얼마 안가서 헛방이 될 줄을 뻔히 알지만 하느님의 사랑이 인간의 죄악과 배신을 이긴다는 확신을 갖고 있습니다. 그러니 사제가 고해소 안에서 들려주는 훈계와 미사 강론과 각종 모임에서의 훈화를 귀담아들어야 합니다.

사제는 하느님의 사람이며, 교회의 사람입니다.

사제는 인간의 사랑보다는 하느님의 사랑을 들려주며 복음을 선포합니다. 그들은 하느님의 언어, 십자가의 언어로 말합니다. 그리고 자신의 죄와 자기에게 맡겨진 교우들의 죄과를 무릎 꿇어 속죄합니다. 자나깨나 한시도 신자들에 대한 생각에서 떠나지 않습니다. 사제는 교회의 사람으로서 언제나 교회의 입장에서 말합니다. 그러므로 때로는 사제의 표현과 생각이 신자 여러분의 입맛과 생각과 다르더라도 심술을 부리지 말고 귀담아들어야 하는 이유가 여기에 있습니다.

사제는 잘난 사람이 아닙니다. 더욱이 훌륭한 사람은 아닙니다. 그냥 보통 사람입니다. 그리고 인물로도 결코 잘난 사람이 아닙니다. 신부는 인물이 너무 잘 생겨도 안 되고 너무 못 생겨도 안 된답니다. 왜냐하면 '인물이 너무 잘 생기면 인물값을 하느라 골치 아파서 안 되고 너무 못 생기면 생긴 대로 놀기 때문에' 안 됩니다. 여기 있는 신부들 얼굴 한 번 보십시오.

사제는 교회에 자신을 바치고 장상에게 순명하고 살아가는 사람입니다. 그를 교회의 품에서 멀어지게 만들지 말고, 그와 함께 미사를 봉헌할 때마다 그를 기억해 주어야 합니다. 그리고 여러분이 따뜻한 거실에서 가족과 저녁기도를 올릴 때 사제관의 고독한 그를 위해 기도해주어야 합니다. 사제가 가끔 심통을 부리더라도 혼자 살아서 고집불통이려니 생각하고 그냥 좀 참아주십시오. 성체 앞에 매일 무릎 꿇고 자신과 교회를 위해 기도하는 그들이 아닙니까? 부부와 형제간에도 마음이 안 맞으면 싸우고, 같이 사네 못 사네 야단인데 수천 명 신자들 모두의 입맛을 어찌 다 맞출 수 있겠습니까? 그리고 신부는 혼자 살기 때문에 성질도 모나고 괴팍합니다. 그러니 신자들이 그 정도는 이해해 주어야 합니다.

어느 본당 신부의 푸념 〈쟝 꼭트〉

〈신부란 이래저래 욕을 먹으며 살아가는가 보다〉

강론을 길게 하면 성현군자 같다하여 야단이고,
짧게 하면 준비하지 않았다고 야단이다.
목소리를 높이면 강론 시간에 소리를 친다고 불평이고,

은근한 목소리로 강론하면 못 알아듣겠다고 불평이다.
늘 사제관에 머물러 있으면 가정방문도 않는다고 비난하고,
가정방문을 하느라 사제관을 비우면
집에 붙어있지 않는다고 비난한다.
돈 얘기를 하면 신부가 돈만 밝힌다고 야단이고,
그런 얘기 안 하면 주변머리도 없고 일도 안 한다고 야단이다.
고해성사 때 친절하게 지도하면 너무 길게 훈계한다고 짜증내고,
간단히 짧게 하면 성사 주길 싫어하는 신부라고 못 박는다.
성당이나 사제관을 수리하면 즉시 본당 재정이 바닥나고,
그냥두면 망가져가는 것을 안타깝게 지켜보아야 한다.
신부가 젊으면 경험이 없다하여 훈계하려들고,
늙었으면 빨리 은퇴하라고 야단이다.
그가 살아있는 동안에는 모두가 아는 척 하지만,
죽으면 아무도 그를 위해 울어주지 않는다.

　사제는 훌륭한 목자로 태어나는 것이 아니라 신자들이 기도하고 도와주어서 훌륭한 목자를 만드는 것입니다. 그리고 칭찬과 인사에 인색하지 말고 자주 "신부님, 고맙습니다. 강론 말씀 잘 들었습니다."라고 인사를 해준다면 신부는 그 인사에 보답하기 위해서라도 더욱 열심히 살고, 강론 준비도 더 잘 할 것입니다. '칭찬은 고래도 춤추게 한다.'고 하지 않습니까?

최 분도 신부 추모미사 강론

영원히 기억되고 따라야 할 사제

김 병 상 신부
2001년 3월 29일, 부평3동성당

우리 모두는 최 분도 신부님 영전에 모여 마지막 기도를 봉헌하면서 하느님의 자비하심으로 영원한 안식을 누리게 해 달라고 간절히 기도하고 있습니다. 인간적인 마음으로 최 신부님과 영원히 헤어진다는 것은 견딜 수 없는 고통이요 슬픔입니다. 그러나 하느님의 거룩한 뜻과 계획이 계시기에 당신 옆으로 데려가셨으리라 믿습니다. 최 신부님은 참으로 훌륭하신 사제요 선교사일 뿐만 아니라 1970년대 한국 민주화운동의 선구자로서 몸 바쳐 헌신하신 분이심을 우리 모두는 기억하고 있습니다.

최 신부님이 하신 큰 사랑의 업적에 대하여 좀 더 자세히 살펴보고 최 신부님의 훌륭한 성직자의 생애를 회상해 봄으로써 그분이 한국천주교회와 한국인을 위해서 얼마나 헌신적으로 봉사하셨고 한국과 한국인을 사랑하셨는지 알게 될 것입니다.

먼저, 최 신부님이 한국 선교를 자원하신 동기가 너무도 아름답고 거룩합니다. 최 신부님의 형님은 한국전쟁 후 군복무를 마치고 민간인으로 다시 한국에 돌아왔습니다. 어느해 여름 한강에서 어린이 두 명이 익사하게 되자 최 신부님 형님은 주저없이 한강 물속으로 뛰어 들어가서 두 어린이를 살리고 자신은 물에 빠져 죽게 됩니다. 그 슬픈 소식을 전해들은 동생 베네딕토분도, 대학교 4학년는 메리놀신학교로 편입하여 신부가 된 후 1959년 첫 소임지로 한국 인천교구로 진출, 선교사로 첫 발을 내딛게 됩니다. 그 당시 한국은 전쟁 후유증으로 배고픔과 가난으로 비참한 상태가 아닐 수 없었습니다.

최 분도 신부님은 그 중에도 낙후지역인 서해 도서지방을 선교지로 지원하셨습니다. 그 당시 서해 도서들은 한국전쟁으로 인해 북에서 피난 온 사람들로 가득 찬 섬으로 배고픔과 병마로 신음하면서 힘들게 살고 있었습니다. 고생하는 섬 주민들에게 하느님께 대한 믿음도 심어주고 배고픔도 해결해 주고 병도 고쳐 주시면서 하는 여러 가지 일들을 기쁜 마음으로 수행하셨고, 섬 주민들에게는 희망과 용기를 심어 주셨습니다.

뿐만 아니라 섬 주민들이 좀 더 나은 생활을 하도록 전기발전 시설과 상수도 시설을 하여 줌으로 편리하게 살아가도록 도와주셨습니다. 섬과 섬을 연결하는 병원선을 구입하여 섬을 순회하면서 병자들을 돌봄으로 그들의 생명을 구해 주는 등 도서지역 주민들의 삶의 질을 향상시키기 위해 자신을 내던지고 섬 주민을 위해서라면 모든 것을 아낌없이 투자하셨습니다. 즉 1970년대 중반, 농촌 잘 살기 계몽운동의 하나로 "새마을운동"이 전국으로 활성화되기 전에 이미 서해 낙도에서 새마을운동의 선각자로 활동하셨습니다. 그래서 섬에 발전기, 상수도 시설 등을 하셨던 것입니다. 이러한 훌륭한 삶이 한국정부와 국민들로부터 인정받아 한국 정부로부터 훈장을 받으실 만큼 한국인에게 널리 알려졌습니다. 참으로 최 신부님은 한국 서해 도서 주민들에게는 한국 슈바이처 박사라 하여도 과언이 아닙니다.

다음은 한국 민주화운동에 천주교정의구현사제단과 함께 앞장서서 투쟁하신 정의로운 사제입니다. 1960년대부터 5·16군사혁명이 일어난 이후 박정희 군사정권의 독재는 날이 갈수록 강화되었고, 선량한 시민들에 대한 억압과 폭력은 민주주의를 사랑하는 선량한 시민들의 분노가 폭발 직전에까지 이르게 하였습니다. 이제 민주시민들의 분노가 여기저기서 터져 나오면서 사회 각 단체들이 목숨을 걸고 군사독재정부와 정면으로 싸우게 되고, 젊은 학생들이 감옥을 수없이 드나들었습니다. 또한 여기저기서 군사독재정부를 규탄하는 항의 시위가 터져 나오게 되었습니다.

이것을 지켜보는 천주교 젊은 사제들도 민주화를 위해 투쟁하지 않을 수 없었습니다. 이때 최 분도 신부님도 선교사의 신분으로 한국의 젊은 사제들과 함께 한국 민주화를 위해 몸 바쳐 투쟁하셨습니다. 최 신부님의 도움을 받아가며 민주화에 앞장섰던 시민운동가들이 지금 한국 정치계의 지도자로 많이 일하고 있습니다. 또 최 신부님의 헌신적인 한국 민주화를 위한 투쟁의 공로로 오늘날 한국이 세계 민주국가 대열에 설 수 있다는 것을 생각하면 너무 기쁘고 감사하며 최 신부님의 공로를 다시 생각하게 됩니다. 최 신부님이 한국에서 돌아가셨다면 전국에서 많은 민주인사들이 구름 같이 모여와 애통과 슬픔 가운데 조문하고 기도하여 주셨을 것입니다.

세 번째로 사회사업과 입양사업입니다. 1950년대 한국전쟁으로 인해 UN군이 한국에 주둔하면서 한국사회는 많은 혼혈아를 갖게 됩니다. 그들이 성장하면서 혼혈아라는 이유로 여러 면에서 불이익을 받으며 성장하게 되는 과정을 지켜보신 최 신부님께서 이것은 미군이 저지른 잘못이다, 미국 국민이 함께 고통을 나누고 속죄하는 마음으로 그들을 키워주어야 한다고 생각했습니다. 기독교적인 사랑으로 그들 혼혈아를 미국에 입양시키는 사업을 적극적으로 전개하셨습니다.

혼혈아뿐만 아니라 한국전쟁의 여파로 결손가정이 많이 생겨나면서 부모를 잃어버리게 된 아이들도 미국으로 많이 입양시켜 양부모와 관계를 맺어줌으로 미국에서 바른 교육을 받고 성장할 수 있는 기회를 만들어 주셨습니다. 최 신부님의 주선으로 미국에 입양간 아이들이 천육백여 명에 이르고 있습니다. 그들 모두는 최 신부님의 은혜를 영원히 잊지 않을 것이며 최 신부도 천국에서 그들을 위해 계속 기도하여 주실 것입니다.

마지막으로 최 신부님은 선교사로서 한국인을 몹시도 사랑하면서 한국인을 위해 필요하다면 자기를 버리고 아낌없이 투신하신 사제였습니다. 최 분도 신부님은 사제 생활을 하는 후배들에게 영원히 기억되고 따라야 할 모범적인 사제이십니다. 사제생활 말년에마저도 몸이 불편함을 잊고 새로운 선교지 러시아 땅에 가셔서 마지막 열정을 불사르시다가 하느님의 부르심을 받고 천국에 가셨습니다. 사제인 우리들 가슴속에 영원한 스승으로, 선배로 기억될 것입니다. 최 신부님께서 그리스도를 따른 충실한 일꾼으로 일생을 봉헌하신 삶은 한국인과 최 신부님의 사랑을 받은 많은 사람들의 가슴속에 영원히 기억될 것입니다.

최 신부님의 헌신적인 사랑은 그들의 삶의 현장에 새로운 사랑의 불꽃, 정의의 불꽃으로 피어나 이 세상을 밝히는 구원의 불빛으로 희망을 갖다 주시리라 확신합니다. 우리 모두는 최 신부님의 큰 사랑과 은혜를 잊지 않고 간직할 것입니다. 그리고 그분의 사랑의 불길을 계속 태워 어둠을 밝히는 등불로 살아가도록 노력하는 것이 최 신부님의 사랑에 보답하는 길이라 생각합니다.

세상에 살아있는 우리 모두가 최 신부님이 밝혀 주신 사랑의 불을 계속 태워 하느님의 사랑이 넘치는 세상을 만들도록 노력하겠습니다. 최 신부님이 하시던 일을 남아있는 우리 모두가 계속할 것입니다. 이제 천국에는 우리의 가장 강력하고 힘 있는 은인으로 최 신부님이 계심을 믿고 더 열심히 살아가겠습니다.

한국인을 극진히 사랑하신 최 신부님, 하느님과 함께 영원히 행복을 누리십시오. 우리도 최 신부님의 뒤를 따를 것입니다.

최 신부님! 안녕히 가십시오.

최 신부님! 보고 싶어요.

최 신부님! 정말 감사했습니다. 빠이빠이 안녕~~~

효순이, 미선이 추모미사 강론

미군 장갑차 여중생 살인사건 해결과 불평등한 SOFA 개정을 촉구한다

김병상 신부
2002년 8월 31일, 미군부대 앞 공원

우리는 두 어린 소녀의 억울한 죽음의 명복을 빌고 불평등한 SOFA 개정을 촉구하는 미사와 기도를 의로우신 하느님께 봉헌하기 위하여 모여 있습니다. 우리는 미군의 만행을 세상에 알리고 불평등한 한미행정법으로 인한 수많은 희생자와 피해 시민들의 억울함을 세상에 알리고 우리의 간절한 호소를 하느님께 간청하기 위해 여기에 모인 것입니다.

우리는 먼저 미국의 실체를 이번 기회에 바로 알아야 하겠습니다. 미국과 우리나라의 관계는 어떤 관계인가요? 우리 모두는 미국은 우리의 가장 든든한 우방으로 착각하고 있습니다만 우방이라는 미명 하에 철저히 자국의 이익만을 추구하는 나라임을 알아야 합니다. 미국과 우방 관계를 맺었던 나라들이 이구동성으로 외치는 것을 보면, 약소국가에 대한 미국의 행패가 얼마나 심한지 역사가 증명하고 있습니다. 우리는 세계 도처에서 약육강식의 논리로 약소국가의 인권을 유린하는 사례를 얼마든지 볼 수 있습니다.

우방이라는 미국과 우리나라의 관계를 살펴봅시다. 언뜻 보면 참으로 고마운 우방처럼 보입니다. 6·25전쟁을 승리로 이끌어 북으로부터 방어해 주었고, 현재도 37,000명의 미군이 주둔하면서 주변국가의 위협으로부터 보호해주는 것으로 대다수 국민들이 믿고 있습니다.

정말 고맙기만 한 우리의 우방인지 알아보아야 하겠습니다. 일본이 36년간 우리나라를 지배한 배경에는 미국과 일본의 비밀협상이 있습니다. 이로 말미암아 36년이라는 긴 날을 일본에 의해 착취당하는 고통을 당해야 했습니다. 그 내막은 이렇습니다. 미국이 동침 정책을 펼 때 미국의 태프트 장관이 일본의 가쓰라 총리와 흥정하여 미국은 필리핀을 차지하기로 하는 대신 일본의 한국 지배 용인을 비밀리에 약속하였습니다.

제2차 세계대전 중 미국은 카이로선언에서 재차 한국독립을 공개적으로 약속해 놓고 얄타회담에서 소련의 스탈린과 비밀협상으로 한반도의 분단을 허용했습니다. 1949년에는 일방적으로 주한미군을 철수시키고 난 뒤에 6·25도발의 기회를 주어 6·25라는 전쟁이 한반도를 불바다로 만들었습니다. 휴전협상도 당사국인 우리나라를 제쳐주고 체결하는 등 우리에게 씻을 수 없는 상처를 주었습니다. 6·25후 지금까지 미군 1개 군단이 주둔하면서 불평등한 한미행정협정SOFA으로 입은 피해는 헤아리기 어려울 만큼 많습니다. 무려 10만 건에 해당하는 미군의 범법, 즉 폭력, 절도, 살인, 성폭행 등 이루 헤아릴 수 없습니다. SOFA협정은 미군이 한국의 하늘과 지상, 바다 등을 자유롭게 다 쓸 수 있게 함으로써 돈으로 따질 수 없는 불평등한 이익을 독점하고 있습니다.

미군이 주둔하는 다른 나라와 좀 비교해 보면, 더 많은 미군이 주둔하고 있는 일본에서는 미군의 만행이 용납 안 될 뿐 아니라 범법에 대한 응분의 조치를 받고 있습니다. 독일 등 유럽에도 우리나라와 비교할 수 없을 만큼 많은 20~30만에 가까운 미군이 주둔하고 있지만, 미군의 월권 행위는 용납이 안 됩니다. 일본, 유럽에서의 행패나 범법이 감히 용납 안 되는 이유는 미군의 주둔이 주둔한 나라의 이익보다는 미국의 이익때문이라는 사실에 근거합니다. 따라서 주둔국에 피해를 준다든가 범법행위는 감히 생각할 수 없습니다.

다시 정리해서 말씀드리자면 주둔국의 이익보다는 미국의 이익때문에 미군이 주둔하고 있다는 사실을 직시해야 합니다. 미국은 자본주의 논리에 의해 주둔이 자국의 손해가 된다는 계산이 나올 때 한순간도 지체 않고 철수한다는 사실을 알고 있습니다. 그것은 세계 도처에서 경험한 사실이고 역사가 증명하고 있습니다.

미국의 불평등한 만행은 우리 국민에 대한 멸시요 모독입니다. 한국에서 벌어지는 미군의 범법 행위는 일본, 독일 등에서 응분의 처벌을 받습니다. 미국에서 활약하고 있는 노스웨스턴대학의 여지연 역사학 교수는 다음과 같이 말하고 있습니다.

> 미국은 유사시 한반도 보호를 명분으로 하고 있지만 자기 나라의 이익을 위해 한국을 발판삼아 아시아에 힘을 과시하기 위한 것이다.

우리의 귀여운 딸인 여중생의 죽음을 보는 국민은 분노에 들끓고 있습니다. 세상에 이런 야만적인 만행을 자행하고서도 확실한 사과와 응분의 처벌을 않고 있는 미국의 후안무치를 똑똑히 보고 있습니다. 4,700만의 이름으로 규탄하고 다시는 이러한 불상사가 재발되지 않도록 국민 모두가 힘을 모아야 합니다.

강대국의 틈에서 5천년의 역사를 지켜오면서도 한국만이 지닐 수 있는 고유문화를 간직한 자랑스러움을 지니고 있는 우리 민족입니다. 이번 월드컵을 통해 한국인의 위대함을 세계 만방에 알릴만큼 자존심과 긍지를 가진 민족임을 미국이 알아야 합니다.

미국은 세계 도처에서 자행하고 있는 만행을 즉시 중단하고 특히 한국에 대해 깊이 사과하여야 합니다.

부시 대통령은 직접 한국민에게 사과하여야 합니다.

이번의 불행한 사건을 계기로 다시는 한반도에서 이러한 만행이 재발되지 않도록 불평등한 SOFA협정을 개정하여야 합니다.

우리 한국민 모두는 미국이 대오각성할 때까지 힘을 모아 전 국민의 진심을 미국에 전달하여야 합니다.

6월항쟁 20주년 기념미사 강론

보통 사람들의 양심과 용기

김 병 상 신부
2007년 5월 18일, 명동성당

20년 전 바로 이 자리에서 한국천주교정의평화위원회와 서울대교구 정의평화위원회 주최의 '광주사태 7주기 추모미사'가 있었습니다. 그 미사 끄트머리에 이제 고인이 된 김승훈 신부님이 "박종철 군 고문치사사건의 진상은 조작되었다."는 제목의 천주교정의구현전국사제단 성명서를 발표하였습니다. 그 성명서는 이렇게 시작합니다.

박종철 군을 죽음에 이르게 한 범인으로 구속되어 재판 계류 중에 있는 전 치안본부 대공수사 2단 5과 2계 학원문화 1반장 조한경 경위와 5반 반원 강진규 경사는 진짜 하수인이 아니다. 박종철 군을 직접 고문하여 죽음에 이르게 한 진짜 범인은 위 학원문화 1반 소속 경위 황정웅, 경장 방금곤, 경장 이정호로서, 이들 진범들은 현재도 경찰관 신분을 그대로 유지하고 있다.

　이 성명서가 발표되자 전국이 발칵 뒤집혔습니다. 이보다 앞서 박종철 군의 고문치사사건이 일어났을 때 온 국민들이 경악하고 분노했습니다. 한 명의 멀쩡한 대학생을 고문으로 죽인 사실도 경악할만한 일이었지만, 더욱 기가 막힌 일은 박종철 군이 피의자가 아니라 참고인 신분이었다는 것이었습니다. 치안본부는 1987년 1월 13일 자정쯤 서울대 민추위사건 관련 수배자인 박종운의 소재를 알아내기 위해 박종철 군을 연행하였고, 갖은 고문 끝에 1월 14일 오전 11시 20분쯤 박종철 군을 죽였습니다. 더욱 더 국민들을 화나게 한 것은 '탁 치니 억 하며 쓰러졌다.'는 말도 안 되는 내용의 기자회견을 통해 온 국민을 바보 취급했기 때문입니다.
　이처럼 국민의 불신과 분노가 하늘을 찌르던 상황에서 박종철 군 고문치사사건이 조작되었다는 성명서가 발표되자 그렇지 않아도 화난 국민감정에 기름을 붓는 격이었습니다. 결국 이날의 성명서는 학생과 시민들이 거리로 나오게 만드는 결정적 계기가 되었고, 6월항쟁의 불을 댕기는 기폭제 구실을 했습니다.

　당시 기자들은 물론이고 세간에서는 천주교정의구현사제단이 어떻게 그처럼 은밀한 비밀을 알아낼 수 있었는지에 대해 궁금증을 가지는 사람들이 많았습니다. 이런 궁금증을 더 크게 만든 것은 사제단 성명서에서 밝힌 고문 경찰의 이름이 한 글자씩 달라

정확하지 않았기 때문이다. 김정남 씨의 증언에 따르면, 고문치사사건의 조작 사실이 밝혀지는 데 결정적인 역할을 했던 사람은 당시 영등포교도소에 근무하던 한재동 교도관이었습니다. 한재동 교도관은 당시 영등포교도소에 수감 중이던 이부영 씨에게 조한경 경위와 강진규 경사로부터 들은 이야기를 그대로 전하였습니다. 그리고 이부영 씨가 김정남 씨에게 편지를 쓸 수 있도록 필기도구를 제공하였고, 편지를 교도관 출신인 전병용 씨에게 전달하는 일까지 하였습니다. 전병용 씨가 김정남 씨에게 그 편지를 전하면서 이 일이 세상에 알려질 수 있게 된 것입니다. 김정남 씨는 이 같은 사실을 이제야 밝히는 이유로 한재동 교도관이 얼마 전까지 현직 교도관으로 있었기 때문이라고 밝히고 있습니다. 참고인 신분으로 끌려간 대학생이 고문 당하고 죽임을 당했던 당시의 분위기를 생각해 보면, 한재동 교도관이 한 행동은 자신의 인생과 행복 전체를 걸고 해야 하는 용기 있는 일이었습니다.

오늘 우리가 읽은 복음 말씀에서 예수님은 우리에게 이렇게 말씀하십니다.

> 너희는 그들을 두려워하지 말아라. 숨겨진 것은 드러나기 마련이고, 감추어진 것은 알려지기 마련이다. …… 육신은 죽여도 영혼은 죽이지 못하는 자들을 두려워 마라. 오히려 영혼도 육신도 지옥에서 멸망시킬 수 있는 분을 두려워하여라.

한재동 교도관은 바로 이 말씀을 그대로 실천한 사람입니다. 그의 용기가 없었다면, 박종철 군 고문치사사건의 진실은 한참 뒤에야 밝혀졌을 것이고, 6월민주항쟁도 그만큼 늦추어졌을지 모릅니다. 암흑의 역사 속에 묻혀버릴 수 있었던 박종철 군 고문치사사건이 세상에 알려질 수 있었던 것은 그밖에도 많은 분들이 용기 있는 행동을 했기 때문입니다. 맨 처음 박종철 군을 검안했던 오인상 내과의, 박종철 군을 부검한 국립과학수사연구소의 황적준 박사 등이 그들입니다. 이들 모두는 오늘 복음 말씀에 따라 하느님을 두려워하며 양심대로 행동한 사람들입니다. 현재 우리가 누리고 있는 민주주의는 이처럼 평범한 사람들의 양심과 용기 때문에 가능한 것이었습니다. 박종철 군 고문치사사건 조작 사실 폭로가 6월민주항쟁의 기폭제였다면, 명동성당 농성은 6월민주항쟁을 이어가게 하는 불씨였습니다.

6월민주항쟁은 평범한 사람들이 촉발시키고 확산시킨 사건이었습니다. 우리는 아직도 6월민주항쟁 때 거리를 메웠던 시민들을 기억하고 있습니다. 그야말로 6월민주항쟁은 국민항쟁이었습니다. 과감하게 자신의 굴레를 깨고 나온 보통 사람들의 용기가 있었기에 6월민주항쟁은 가능했고, 6·29선언을 이끌어낼 수 있습니다.

또한 27년 전 오늘은 광주민중항쟁이 시작된 날입니다. 5·18 묘역에 가면 무명용사의 묘들이 있습니다. 가족들조차 없어서 이름을 확인할 수 없는 분들입니다. 광주민중항쟁 역시 이처럼 보통 사람들의 참여와 헌신이 만들어낸 것입니다. 5·18기념재단에서 조사한 몇 분 사망자 사례만 들어보겠습니다.

이발사였던 장재철 씨는 수습대책위원으로 의료반에 편성되어 외곽지역에서 발생하는 부상자들을 후송하고 신원이 확인된 희생자들을 도청으로 옮기는 차량을 운전하였습니다. 그러다가 5월 23일 저녁 9시경 지원동 벽돌공장 근처에서 희생자를 옮기다가 배를 총에 맞아 사망하였습니다.

전남여상에서 재학하고 있던 박금희는 시내를 돌며 헌혈을 호소하는 방송 차량을 보고 기독병원에서 헌혈하고 나오다가 계엄군에게 하복부 관통상을 입고 사망하였습니다. 양희남 씨는 화정동 집 담 밖에서 총소리가 나서 내다보니 신음소리를 내며 쓰러져 있는 사람이 있어서 그를 구하기 위해 나갔다가 총에 복부를 맞아 사망하였습니다.

그야말로 평범하게 살던 사람들이 불의 앞에서 죽음을 무릅쓰는 용기를 내었습니다. 우리가 누리고 있는 민주는 바로 이분들의 피를 머금고 피어난 꽃입니다. 우리는 아무리 현재의 삶이 달콤하더라도 이 사실을 잊지 말아야 합니다.

6월민주항쟁 뒤 20년의 세월이 흘렀습니다. 그 중 절반인 10년은 군부독재정권이 계속 집권했습니다. 6월민주항쟁 뒤에 단결하지 못하고 욕심을 내었고, 앞을 보며 나아가지 않고 뒤를 돌아보며 알량한 성과를 나누어 먹는 데 급급했기 때문입니다. 그리고 최근 10년은 민주화운동세력이 집권하였습니다. 20년 전에 비해 무엇이 달라지고 무엇이 좋아졌습니까? 박종철 군처럼 함부로 잡아가고 고문하는 일이 없으니 나아졌다고 할 수 있을까요?

"꽃 한 송이 피었다고 봄인가요, 다 함께 피어야 봄이지요."

올해 부활절 때 사용한 개신교의 공동 표어입니다. 아직 봄은 오지 않았습니다. 우리 주변에는 여전히 소외되고 억눌린 이웃들이 있습니다. 이제 우리는 겨우 몇 송이의 꽃이 피어냈을 뿐입니다.

지난해 2005년 인구센서스 결과가 발표되었습니다. 1995년에 비해 개신교는 줄어들고 불교는 약간 늘었지만, 천주교 신자는 가장 많이 늘었다는 결과가 나왔습니다. 이 결과를 두고 여러 모로 분석이 이루어졌는데, 대체로 한국천주교회가 민주화운동 과정에서 보여준 도덕성이 한국 천주교 신자수가 지난 10년 동안 급격하게 늘어난 데 큰 몫을 했다는 분석입니다. 다시 말해 고문치사 조작 폭로, 명동성당 농성 등 6월민주항쟁에서 보여준 한국천주교회의 긍정적 모습이 10년 뒤의 성장으로 나타났다고 할 수 있습니다.

저는 앞으로의 10년이 어떨지 궁금합니다. 지난 10년 동안 보여준 한국천주교회의 모습이 그다지 좋은 게 아니었기 때문입니다. 6월민주항쟁 이후에 명동성당은 민주화 성지로 불렸고, 어려움을 겪는 사람들이 자기 주장을 하기 위해 찾아오는 단골 시위와 농성 장소가 되었습니다. 하지만 명동성당은 그들을 따뜻하게 품어주기보다 홀대할 때가 더 많았습니다. 한재동 교도관이 이부영 씨의 편지를 전하고, 경찰에 쫓긴 시위대가 명동성당으로 피했던 것은 교회에 대한 믿음이 있었기 때문입니다. 그 믿음을 유지하기 위해 우리는 더욱 노력해야 합니다.

20년 전 4월 13일 전두환이 호헌을 선언하자 천주교정의구현전국사제단 사제들은 직선제 개헌을 요구하며 단식을 했습니다. 그 뒤로도 사제단은 여러 문제를 가지고 단식을 했습니다. 국가보안법 폐지를 위해 단식했고, 이라크 파병 반대를 위해 단식했고, 한미 FTA 체결 반대를 위해서 단식했습니다. 하지만 국가보안법은 여전히 존재하고 있고, 이라크에서 한 젊은이가 안타깝게 죽었지만 이라크에는 여전히 우리 젊은이들이 파병되어 있습니다. 철수 계획조차 없습니다. 한미 FTA는 체결되었고, 평택 미군기지는 예정대로 확장 이전을 하게 되었습니다. 이런 현실을 들여다보면 과연 우리가 단 한 송이의 꽃이라도 제대로 피웠는지 의심스러울 때가 많습니다.

온 나라가 올 12월에 있을 대통령선거를 두고 시끌시끌합니다. 여론 조사 결과 등 현재까지의 양상을 볼 때 한나라당이 정권을 잡을 가능성이 높아 보입니다. 걱정이 많이 됩니다. 하지만 한편으로 생각하면 진보세력이 다시 집권하느냐 마느냐에 앞서 더 중요한 것은 진보세력이 현재 우리 사회가 안고 있는 여러 문제들에 대해 비전을 제시할 수 있느냐의 문제입니다. 청년 실업, 양극화, 남북 교류와 통일 등 우리 사회에는 과제가 산적해 있습니다. 지난 10년 동안 진보세력들은 이 문제들에 대해 해결책을 제대로 제시했다고 할 수 없습니다. 그런 의미에서 우리에게 지금 필요한 것은 겸손과 성찰입니다.

오늘 독서에서 말하고 있는 바오로 사도의 말씀은 그대로 오늘 우리에게 지침이 될 수 있다고 봅니다. 우리는 그동안 우리가 이룬 것에 만족하거나 정신 팔리지 말고 앞으로 우리가 이루어야 할 것들에 마음을 쏟아야 합니다.

> 나는 이미 그것을 얻은 것도 아니고 목적지에 다다른 것도 아닙니다. 그것을 차지하려고 달려갈 따름입니다. …… 형제 여러분, 나는 이미 그것을 차지하였다고 여기지 않습니다. 그러나 이 한 가지는 분명합니다. 나는 내 뒤에 있는 것을 잊어버리고 앞에 있는 것을 향하여 내달리고 있습니다. 하느님께서 그리스도 예수님 안에서 우리를 하늘로 부르시어 주시는 상을 얻으려고, 그 목표를 향하여 달려가고 있는 것입니다. 성숙한 사람인 우리는 모두 이러한 생각을 지닙시다. 혹시 여러분이 무엇인가 달리 생각한다면, 그것도 하느님께서 여러분에게 계시해 주실 것입니다. 아무튼 우리가 어디에 이르렀든 같은 길로 나아갑시다.

고 노무현 대통령을 위한 추도미사

화합과 소통을 위한 봉헌
그리고 부활

김 병 상 신부
2009년 5월 28일, 명동성당

1. 두 "바보"의 죽음

우리는 몇 달 간격으로 한국 사회에서 "바보"라고 불리던 두 분의 죽음을 맞이하였습니다. 김수환 추기경님이 이 사회의 존경받는 어른으로서, 지난 40년간의 군부독재 하에서 약한 자들을 대신하여 발언하고 이 땅의 가난한 사람들과 함께 하는 당신을 가리켜 "바보"라고 부르면서, 고결한 성직자의 삶을 마치고 전 국민의 애도를 받으신 것이 불과 석 달 전입니다.

그리고 또 한분은 그분의 정치 스타일을 보면서 많은 지지자들이 "바보 노무현"이라는 애칭을 드린 전 대통령이며, 그분의 급작스럽고 비극적인 죽음을 맞아 지금 전 국민이 한없는 충격과 허탈과 슬픔 속에 빠져 있습니다. 오늘 저녁 우리를 이 자리에 모이게 만든 것도 이 슬픔과 충격입니다.

　어렵사리 사법시험에 합격하자마자 인권변호사의 길을 택함으로써 돈 잘 버는 법조인의 길을 포기한 바보로서, 이 땅의 민주화를 제도정치 안에서 구현해 보려고 낙선에 낙선을 거듭하면서 영남인들의 지역감정에 맞서던 바보로서, 대통령이 되어서도 경찰·검찰·국정원이라는 공안기관을 개인적·집단적 이기심에 전혀 동원하지 않았던 바보로서, 혼탁한 한국정치판에서 현대사에 가장 깨끗하게 국정을 수행하면서 국민 기본권을 법률적으로 확립하고, 한미관계를 비롯하여 국제사회에서 균형을 도모한 바보로서, 퇴임하고서도 바보처럼 고향으로 내려가 농사꾼이 다 되어 손녀의 유모차를 끌고 봉하마을을 찾아오는 방문자들을 따뜻이 맞이하던 삶이, 그분의 비극적 최후와 더불어 국민의 정치적 양심과 우리 크리스천들의 신앙에 깊은 성찰을 요구하기 때문에, 우리는 오늘 저녁 이곳에 모였습니다.

2. 백색 영대

　오늘 저녁의 이 추도미사는 한국천주교주교단이 집전했어야 하는데, 천주교정의구현전국사제단이 집전하면서 천주교정의구현전국연합과 천주교인권위원회와 더불어 이 행사를 주최하고 있습니다. 1979년 10월 26일, 고 박정희 대통령이 술자리에서 부하에게 총에 맞아 사망했을 때, 한국천주교주교단은, 명동대성당에서 공동으로 추도미사를 집전하였습니다.

오늘 저희 사제들은 백색 영대를 매고서 미사를 집전하고 있습니다. 죽음을 애도하는 검은색 영대가 아니라 부활절의 기쁨을 상징하는 흰색 제의와 영대를 입고 있습니다. 봉하마을을 찾는 시민들과 어린이들의 십리길 기나긴 행렬을 지켜보면서 우리의 충격이 서서히 가시고 우리 모두의 가슴에 그분의 어떤 부활을 느끼므로, 그분의 죽음을 애도하는 모든 이들의 가슴속에 그분이 살아 있음을 느끼므로 흰색의 제의를 입었습니다. 우리 신앙인들은 전직 대통령의 서거에 딸린 비극을 다음과 같이 묵상해 볼 수 있습니다. 우리의 주님이신 "그리스도의 십자가에서는 비단 구속 사업이 고통을 통하여 성취되었을 뿐 아니라, 또한 인간 고통 자체가 구속되었습니다." 다시 말해서 "고통을 통하여 구속사업을 완수하신 그리스도께서는 또한 인간 고통을 구속의 차원에까지 들어 높이셨습니다. 이리하여 인간 각자마다가 자기 자신의 고통을 겪으면서 또한 그리스도의 구속적 고통에 참여하는 사람이 되기도 하는 것입니다." 이 말은 교황 요한 바오로 2세의 사도적 서한, 〈구원에 이르는 고통〉에 나오는 말씀입니다 19-20항. 노무현 전 대통령이 그 고통스러운 죽음을 통해서, 우리 신앙인들이 말하는, 자신의 구원과 이웃들의 구원에 동참하였으리라는 말입니다.

인권 보호와 민주화를 위하여 투신해온 그분의 인생 여정으로 미루어, 우리는 그분이 죽음을 결행하는 순간 자기 육체의 자그마한 테두리에서 벗어나와 한반도 역사와 운명 전체 속으로 스며들었고, 그곳에서 하느님 눈에 의롭고 평화로운 방향으로 우리 민족의 역사를 밀고 가는 원동력으로 자리잡았으리라는 것이 우리 신앙에서 우러나는 확신입니다.

　1980년대 말 군부독재에 항거하여 수많은 열사들이 분신했습니다. 독재와 그 하수인들을 해치는 것이 아니라 하나밖에 없는 자신을 불살라 바쳤고, 그렇게 이 땅에서 실현될 민주화를 위하여 하느님께 자기를 불살라 바친 분들 중에는 가톨릭신자가 열 명이 넘습니다. 그들의 죽음은 자살이 아니고 타인들을 위한 사랑이라는 대의명분에서 오는 봉헌이었으므로, 우리는 그분들의 영혼을 위해서도 미사를 올렸습니다. 여기 계시는 분들 가운데 과연 누가 전태일 열사의 분신이 자살이라면서 그분에게 돌을 던지겠습니까? 이준 열사의 자결을 누가 비난하겠습니까? 1967년 체코의 프라하에 소련군이 진주했을 때에 교우 청년 두 사람이 분신하였습니다. 그때 교황 바오로 6세께서는 삼종기도 연설에서 두 사람 죽음의 의미를 짚어주시면서 함께 기도하셨습니다.

　가톨릭교회가 한때는 자살자에게 영결미사를 집전하지 않았지만 지금은 그런 관습을 폐지한 것은 그런 배경입니다. 죽음의 순간에, 만인을 구원하시는 하느님의 자비가 어떻게 나타났는지 아무도 모르기 때문입니다. 임종 때에 사람마다 더할 나위 없이 밝고 자유로운 빛 속에서 하느님이 마련하신 자신의 운명을 받아들이고, 민족의 역사를 향해 이타적인 결단을 내리는 은총의 순간이 주어지리라는 신학자들의 "최종결단설"이 설득력을 갖습니다. 특히 민주열사들의 경우, 독재와 반민족, 반인권의 범죄자들이 동족에게 자행하는 죄악을 이분들이 도맡아서 짊어졌고, 무고한 희생자들의 신음과 눈물을 도맡아서 지고 가신 봉헌이었습니다. 우리가 미사 때마다 입으로 고백하는 대로, "하느님의 어린 양, 세상의 죄를 없애시는 분"Agnus Dei qui tollis peccata mundi의 모습을 닮은 분들이었습니다.

우리는 지금 한반도의 골고타에 커다란 십자가 하나가 새로 섰음을 보고 그 앞에서 가슴을 치게 되었습니다. 그분이 세례 받고서도 정규적인 신앙생활을 하지 않았다고 흠잡는 이들이 있을지 모르지만, 그분이 현 교황 베네딕토 16세가 회칙 〈하느님은 사랑이시다〉Deus caritas est에서 가르치신 "사회적 사랑"caritas socialis를 살아간 신앙인이었음을 아무도 부인하지 않을 것입니다. 마태오복음서 25장에 나오는 그리스도의 최후심판에는 우리의 세례명, 우리의 주일미사 참례, 판공성사, 교무금 납부에 관해서 심판자께서 한마디도 묻지 않으심을 유의할 필요가 있겠습니다.

3. "화합과 소통"의 문화를 향하여

우리가 기억하기로 노무현 전 대통령의 통치철학은 화합과 소통이었습니다. 이 좁은 땅덩어리가 남북으로 분단되고, 영호남으로 분열되어 있으며, 부귀와 권세를 독점하고 있는 기득권층과 분배를 요구하는 빈곤층으로 대립되어 있음을 그분은 항상 개탄해 왔습니다. 대통령 재임 5개년 동안 정치사회적으로 이 대립과 분열을 조금이라도 극복하고자 심혈을 쏟았다는 것이 정치학자들의 평가입니다.

 그러나 현 정부는, 국민의 커다란 지지를 받으면서 집권하자마자, "잃어버린 10년!"을 복창하면서, 그래도 그 10년간 이루어진 국민의 화합과 정치사회의 소통을 깨뜨리는 데 앞장서지 않았나 우려됩니다.
 실상 현 정부가 보이는 여러 정책과 언행은 대한민국의 역사가 지난 65년간 걸어온 방향 앞에서 우리 사회의 수구 기득권층이 얼마나 큰 공포를 품고 있는지 드러나는 표지였습니다.

 현 정권이 제일 먼저 수행한 일은, 전 정권에서 임명된 기관장들과 실무자들을 합법적 임기 중에 내쫓는 것이었는데, 이 국가의 행정질서를 영구히 훼손한 이런 횡포에서 국민이 목격한 것은 새로 집권한 수구 기득권층의 두려움이었습니다.
 안전한 쇠고기를 달라고 외치는 시민들에게 물대포를 쏘고, 중·고등학생들과 아기 유모차를 몰고 온 젊은 엄마들마저 연행하고 조사하고 협박하는 경찰의 모습에서도, 용산 철거민들을 불태워 죽이고도 되레 희생자 가족들을 구속하는 철면피에서도, 국민은 당신들의 겁먹은 눈을 보았습니다.

 지난 10년간 정부가 이룩한 모든 치적과 정책을 무너뜨리고 폐기하고 기억에서 말살시키는 수작에서도 당신들이 품고 있는 공포를 감지할 수 있었습니다. 당신들의 공포가 하도 커서, 다음 정권이 당신들이 이룩한 모든 치적과 정책을 폐기하고 기억에서 말살시킬 수도 있다는 사실마저 못 내다보게 만드는 것 같습니다.

일본식민시대를 그리워하고, 대한민국 헌법 전문에 명기된 4·19 정신을 폄하하고, 민족의 정기인 3·1 정신을 멸시하고, 대한민국의 모체인 임시정부를 무시하는 발언과 조처가 예사로 자행되고, 이런 반민족 행위를 이념으로 삼는 단체들이 결성되는 허세 뒤에, 당신들의 공포를 우리는 파악하였습니다.

유대인 지도층이 예수님을 처형한 다음에도 예수의 무덤에 경비병을 세웠듯이, 요 며칠간, 이미 서거한 노무현 대통령에게 조의를 표하러 창덕궁 대한문 앞으로 모여오는 시민들을 전경들로 에워싸서 위협하고, 시청앞광장에 못 들어가게 전경버스로 둘러치고, 촛불만 보면 눈이 뒤집히던 그 치졸함에서 우리는 당신들을 사로잡고 있는 공포를 읽었습니다.

우리가 어떤 분들을 질타하는 것은 그분들이 우리 사회의 일부요 민족공동체의 지도적 일원들이기 때문입니다. 우리는 수구언론의 대표자들이 내뱉듯이, 우리와 견해가 다르다고 해서, 당신들을 대한민국 국민에서 제외해 버리지 않습니다. 당신들을 사랑하기 때문에 화합과 소통으로 민족을 함께 일으키고, 민주의 길을 함께 가자고, 집회를 하는 시민들을 두려워하지 말라고 초대할 뿐입니다.

"가난한 사람들에 대한 우선적 사랑"을 교회로부터 배웠기 때문에 우리는 현 정권이 부유층의 감세와 무절제한 재개발과 자연 파괴의 대운하사업에만 치중하여 "강부자당"이라는 별명을 듣지 말라고, "잃어버린 10년"을 내세우는 품이 마치 특정지역이 국가 예산과 고위직과 산업단지를 독식해야 한다는 주장처럼 들리지 않게 하라고 충고할 따름입니다. 하나같이 국민의 화합과 정치적 소통을 깨뜨리는 정책들이기 때문입니다.

이 정권을 에워싸고서 증오와 분열과 전쟁을 부추기는 수구언론과 수구성직자들과 거리를 두라고도 조언하고 싶습니다. 현 정부의 측근인 일부 성직자들의 극단적인 언행은 마치 한국에서 종교전쟁을 불사하겠다고 나서고, 반정부 시위에 나서는 사람들을 모조리 학살하라고 외치는 것처럼 보입니다. 제발 부탁이니, 사랑의 하느님 복음을 설교하는 성직자가 민족과 국가사회에서 증오와 분열을 가르치는 전도사가 되지 마십시오.

언론은 국내 어느 한 계층의 기득권을 대변하고 옹호하는 역할보다도, 사회교육과 정화의 임무가 큽니다. 지난 5년간 수구언론이 감행한 국가지도자 깔보기는 아이들 입에서마저 "놈현"이라는 단어가 나오게 만드는 데 성공했는지 모르겠지만, 지금 와서는 같은 아이들의 입에서 "쥐박"이라는 단어가 예사로 나오고 있지 않습니까? 적어도 대통령은 기본 예우를 받아야 하지 않겠습니까? 국민 모두가 "돈, 돈, 돈" 할 때에는 "공동선"이니 "분배정의"니 "화합과 소통"이니 하는 가치도 존재함을 계도하는 것이 언론의 임무 아니겠습니까? 그런데 수구언론이 앞장서서 배금주의와 지역감정과 국민 분열을 주도하고 있으니 어찌 된 일입니까? 노무현 전 대통령의 서거가 검찰과 수구언론의 합작품이라는 국민여론을 어떻게 할 생각입니까?

4. 이명박 대통령과 검찰에게 드리는 말씀

노무현 대통령의 서거가 대한민국 검찰이 초래한 비극이었다는 것이 지금 국민 대다수의 판단일 것입니다. 소위 "박연차 게이트"를 만들어낸 검찰의 조사는 처음부터 노무현 전 대통령을 겨냥한 기획수사였으며, 사법의 이름으로 수구언론과 공조하여 노무현 전 대통령을 민주화 지지층을 비롯한 전 국민이 지켜보는 앞에서 유린하는 행사였습니다. 조사과정을 세세히 언론에 보도하고, 방문조사나 서면조사로도 충분할 사안을 검찰청까지 오게 하면서 전 국민과 전 세계 앞에서 모욕을 준 일은 말할 나위조차 없습니다. 그렇게 해서 이 나라 극우수구층은 전두환 전 대통령이 서울로 끌려오던 장면을 재현함으로써 복수를 했겠지만 두 사안은 그렇게 비교될 사안이 아니었습니다. 지금 전 국민이 분노하고 있는 까닭이 여기 있습니다.

우리가 검찰의 소위 "박연차 게이트" 수사를 순수하고 공정한 사법권 행사로 믿지 않는 까닭은, 1980년 군사반란을 일으켜 광주시민을 무수히 학살하고 7000억과 4000억을 부정으로 축재한 전두환, 노태우 전직대통령에 대해 불기소처분을 내렸던 집단이 대한민국 검찰이기 때문입니다. 저희 사제단이 뇌물공여자로 폭로한 삼성재벌의 수천억 불법상속이나 뇌물공여를 무혐의 처리한 집단이 대한민국 검찰이기 때문입니다. 과거사위원회가 밝혀내고 있는 저 무수한 조작간첩사건들과 긴급조치 위반 처벌 등의 인권 유린과 반민주 악행에 대한민국 검찰이 선봉으로 서 있었기 때문입니다. 대한민국 검찰이 수많은 사법살인의 주역이었기 때문입니다. 전직 대통령의 서거와 전 국민의 애도를 보자 저 집단에서 아무도 사과하지 않은 채로 이제 와서 "공소권 없음"이라는 발표를 하다니 법리를 아는 사람들이라면 얼마나 가소롭게 여기겠습니까?

또 우리가 이명박 대통령에게 이 사건의 본 책임이 있다고 판단하는 까닭은, 전두환, 노태우 대통령에게 불기소처분을 내렸던 바로 그 검찰이 김영삼 대통령의 한마디로 조사하고 기소하고 유죄판결을 받게 한 전례가 있기 때문입니다. 대한민국 검찰은 전직 대통령들의 공적과 기업인의 공헌을 정치적으로 고려하여 7000억, 4000억, 8000억 부정축재를 조사도 하지 않거나 불기소하는 지극히 관대한 집단(?)이었습니다. 따라서 최고통치자의 의지와 결단이 없었다면, 한 전직 대통령의 가족이 대통령 본인 몰래 십 몇 억을 기부 받은 사건을 저렇게 다루지는 못했을 것입니다. 이명박 대통령이 소망교회의 독실한 신도이니까 같은 신앙인끼리 알아들을 언어를 써서 말하겠습니다. 전 세계 20억의 크리스천들이 주일마다 성당과 교회에 모여 함께 염송하는 사도신경이 있습니다. 그리고 그 기도문에는 예수님이 무죄함을 알고서도 유대인들의 압력이 두려워 사형언도를 내렸던 로마인 정치가 한 사람의 이름이 나옵니다. 아마 인류 역사가 끝나는 날까지, 지상에서 그리스도교가 자취를 감출 때까지, 그 이름이 염송될 것입니다. "본시오 빌라도 통치 아래서 고난을 받으시고 십자가에 못 박혀 돌아가시고 묻히셨음을 믿나이다."

그처럼 대한민국의 앞으로의 역사는 수백 년을 두고 "이명박 정권하에, 임채정 검찰총장의 기획수사에 의해서, 대한민국 제10대 노무현 대통령이 죽음을 당하였다."라는 구절을 새기고 되풀이하리라는 사실을 잊지 마십시오. 대한민국 역사의 이 신앙고백 구절이 사실과 다르거든 이명박 대통령이 밝히셔야만 합니다.

그리고 대통령이 개신교 장로시니까 드리는 말씀인데, 기도하는 마음으로 다니엘 예언서 5장 24-30절을 읽어 보시면서, 하느님의 손가락이 청와대 어디엔가 나타나서 "므네 므네 트켈 파르신"이라는 글자를 쓰지 않는지도 살펴보시라고 조언하고 싶습니다.

지난 며칠 간, 봉하마을 상가에서 십 여리 떨어진 곳에 차를 세우고 노인들이며, 어린 아이들을 걸리는 부부들이며, 학생들과 청년들이 뙤약볕 밑에 줄지어 가는 저 기나긴 조문 행렬, 서울 대한문과 전국 각지의 빈소에서 촛불을 켜고 밤샘을 하는 시민들의 회한에 찬 얼굴과 눈물과 한숨에서 우리는 고인이 우리 모두에게 남기고 간 호소를 가슴에 느꼈습니다.

오늘 이 미사에서 우리가 봉독한 복음서에서 우리 주님이신 예수께서 올리신 기도가 바로 그 호소와 맞닿아 있음을 절감합니다.

"주님, 우리 국민이 모두 하나가 되게 해 주십시오. 성부께서 성자 안에 계시고 성자께서 성부 안에 계시듯이, 우리 국민도 진보와 수구니, 영남과 호남이니, 기득권과 소외계층이니 하면서 갈라지지 않고 하느님 우리 안에 하나 되게 해 주십시오." 라고 이 미사 중에 기도드립시다. 그리고 이런 기도의 가르침을 일평생 실천코자 노력하신 고 노무현 전 대통령의 영혼이 주님 품에서 안식을 얻도록 유가족과 함께 기도하면서 추모 미사를 계속하겠습니다.

참고자료

■ 단행본
기쁨과희망사목연구원, 『암흑속의 횃불 1~8』, 기쁨과희망사목연구원, 1996~2001.
김옥경, 『가거라, 내가 너를 보낸다』, 최분도신부추모위원회, 2016.
김정남, 『진실, 광장에 서다』, 창작과 비평사, 2005.
답동대성당100년사편찬위원회, 『답동대성당 100년사』, 천주교답동교회, 1989.
만수1동본당10년사편찬위원회, 『만수1동본당 10년사』, 천주교인천교구만수1동교회, 1999.
만수1동성당25년사편찬위원회, 『만수1동성당 25년사』, 천주교인천교구만수1동성당, 2013.
명동천주교회, 『한국가톨릭 인권운동사』, 1984.
미래사목연구소, 『천주교 인천교구 50년사 1961-2011 하느님 백성의 행전Ⅰ』, 천주교인천교구, 2014.
송림동천주교회, 『송림동천주교회 40년사』, 1995.
인천교구사 편찬위원회·한국교회사연구소 편, 『인천교구사』, 천주교인천교구, 1991.
제정원, 『부평1동성당 25년사』, 천주교인천교구부평1동성당, 2017.
주안1동성당50년사편찬위원회, 『주안1동성당 50년사』, 천주교인천교구주안1동성당, 2013.
천주교인천교구 정의평화위원회, 『천주교 인천교구 민주화운동사』, 2017.
천주교인천교구, 『인천교구 50년사』, 2013.
한국그리스도사상연구소 편, 김병상신부 회갑기념 논문집 『의로운 사회와 교회』, 가톨릭출판사, 1992.

■ 구술자료
기쁨과희망사목연구원, '분개하는 나를 내가 못 견뎌, 김병상 구술'(면담자 오민환), 「기쁨과 희망」 제6호, 2010.
기쁨과희망사목연구원, '정의와 실천이 순교가 아니던가'(면담자 오민환), 「기쁨과 희망」 제13호, 2014.
민주화운동기념사업회, 『1970년대 민주화운동, 김병상 구술』(면담자 홍계신), 2011
새얼재단, '흰 로만칼라가 때묻어도 좋아라, 김병상 구술』(면담자 이용식), 「황해문화」(통권 제55호), 2007.
오마이인천, '김병상신부 인터뷰', 대담 이철기, 2003.10.

■ 자료
구자운 신부, 「요골공소(1883-2003)」, 2003.
민주화운동기념사업회 아카이브, 「동일방직사건 긴급대책위원회에서 일본가톨릭 정의평화위원회의 지원에 감사를 전하는 편지」, 등록번호 00577083, 1979.02.05.
민주화운동기념사업회 아카이브, 「동일방직사건 긴급대책회의 참석 호소문」(대책위원장 김병상), 등록번호 00882049, 1978.08.31.
민주화운동기념사업회 아카이브, 「문익환 목사가 김병상 신부에게 보내는 옥중서신」, 등록번호 00827277, 1991.11.14.

■ 신문 · 주보 등
「가톨릭신문」, 1992.5.17, 2002.10.6.
「가톨릭신문」, 사설, 2008.5.11.
「가톨릭평화신문」, 2008.8.3.
「가톨릭평화신문」, '동일방직 노조탄압사건', 2004.3.14.
「가톨릭평화신문」, '5.18 광주민주화운동과 가톨릭교회', 2009.6.21.
「경향신문」, '모순투성이 세상에 '기쁨과 희망' 심는다', 2008.6.20.
「인천주보」, 1980.6.1, 1983.6.5.
인천교구 정의평화위원회 회람, 87-6호.
인천교구 정의평화위원회, 「정의평화」제43호, 1990.10.1.
「인천일보」, '인천시민사회운동(4)-목요회', 1997.2.22.
「인천일보」, '시민사회운동 20년-IMF와 실업극복운동', 2007.8.26.
「한겨레신문」, 김병상 신부 인터뷰, 2006.11.25.

■ 개인 자료
김병상 몬시뇰 일기, 2008.06~
김병상 몬시뇰 강론자료, 1990년대~2017.
김병상 몬시뇰 사진첩

■ 인터넷 참고
기쁨과희망사목연구원(www.gaspi.org)
실업극복인천본부(http://www.silbon.or.kr/intro/intro.php?w=1)
㈜지학순정의평화기금 홈페이지(http://www.justice.or.kr/index.html)
환경운동연합보고서, '굴업도핵폐기장일지', http://kfem.or.kr/?p=12294), 1995.06.02.
인연-어머니의 편지, (https://blog.naver.com/2cewosdu/63893009), 2006.11.25.

■ 인터뷰
김영국, 2018.10.11. 한상욱 면담
김일회, 2018.09.27. 박영대 면담
노희민, 2018.10.08. 박영대 면담
방학진, 2018.10.26. 한상욱 서면인터뷰
심옥빈, 2018.10.27. 한상욱 서면인터뷰
안영희, 이영미 외, 2018.10.22. 박영대 면담
안재환, 2018.10.30. 한상욱 서면인터뷰
양재덕, 2018.10.29. 한상욱 면담
이총각, 2018.10.25. 한상욱 면담
임헌영, 2018.11.06. 한상욱 서면인터뷰
장정옥, 2018.10.24. 한상욱 서면인터뷰

■ 사진자료 제공
「기호일보」
「가톨릭신문」
「가톨릭평화방송 · 평화신문」
민족문제연구소

김병상 필립보 몬시뇰 연보

1932.04.30	충남 공주군 유구면 명곡리 192번지(일명 요골)에서 아버지 석진원선시오, 어머니 원제순막달레나의 4남 1녀 중 막내로 태어남
1948.02.	충남 공주 덕암초등학교 졸업
1948.03.	서울 원효로 용산소신학교 입학
1953.07.	밀양 임시 소신학교에서 폐결핵으로 휴학
1961.02.	홍익대학교 국어국문학과 졸업
1963.03.	서울 가톨릭신학대 입학
1969.12.13.	답동주교좌성당에서 사제 서품
1970.01.01.~1971.08.24.	답동주교좌성당 보좌신부
1971.08.25.~1973.08.31.	인천교구 상서국장(사무국장)
1973.09.01.~1975.11.30.	김포성당 주임신부
1974.09.	천주교정의구현전국사제단 결성에 참여
1975.12.01.~1980.02.17.	답동주교좌성당 주임신부, 부주교 겸임
1976.	연세대학교 교육대학원 교육행정 석사학위
1976.10.30.	인천교구 정의평화위원회 초대 위원장
1977.08.28.	답동주교좌성당 '정의구현을 위한 대기도회' 사건으로 구속
1978.03.	동일방직사건 긴급대책위원회 위원장

1980.02.18.~1987.02.17.	총대리신부
1980.~1987.	성심여자대학교 출강
1984.	한국천주교정의평화위원회 부회장
1987.02.18.~1993.02.21.	주안1동성당 주임신부
1989.06.29.	목요회 상임대표
1989.~1995.	천주교정의구현전국사제단 공동대표
1993.02.22.~1999.02.08.	만수1동성당 주임신부
1994.12.	인천앞바다 핵폐기장 대책위원회 상임대표
1998.09.	실업극복국민운동인천본부 이사장
1999.02.09.~2004.01.25.	부평1동성당 주임신부
2000.~현재.	기쁨과희망사목연구원 이사장
2002.10.02.~09.	천주교정의구현전국사제단 북한 방문단 단장
2003.08.14.	교황 요한 바오로 2세로부터 몬시뇰 임명
2004.~현재	㈔지학순정의평화기금 이사장
2004.01.26.~2006.12.03.	학교법인 인천가톨릭학원 이사장 대리
2006.11.25.	답동주교좌성당에서 은퇴미사
2006.12.04.~현재	원로사목
2008.07~2013.01.	민족문제연구소 3대 이사장

김병상 필립보 몬시뇰 주요 저작

■ 논문
2000년대의 본당사목을 위한 제언, 「사목」, 1989.12.
뉴에이지 운동과 가톨릭교회, 「누리와 말씀」 제12호, 2002.
사제성소자의 선발과 교육, 「사목」 제152호.
선거와 교회, 「사목」 제158호, 1992.03.
청장년 예비신자를 위한 교리교육의 실태와 예비신자 교리서 출판을 위한 제언, 「사목」, 1997.
한국 가톨릭계 중등교육의 발전에 관한 교육사적 고찰, 연세대학교 교육대학원 중등교육 행정전물 석사논문, 1975.
한국 교회의 나아갈 길, 「성서와 함께」, 1986.08.
한국 천주교의 근대 여성교육사업 연구, 『의로운 사회와 교회』, 가톨릭출판사, 1992.
해방 후 한국천주교회와 교회운동, 한국천주교회 창설 200주년 기념 한국교회사 논문집.

■ 기고
3.1운동과 교회, 「인천주보」, 2003.03.02.
공동체라 부르는 교회 그리고 소외, 「사목」, 1993.
교구의 발자취와 전망, 「공동체 회보」 제1호, 1989.05.
교회는 쉬지 말고 쇄신해야 합니다, 「공동체 회보」 제16호, 1989.10.
교회는 인간해방과 인간 존엄성 향상을 위해 노력해야 한다, 「공동체」 제16호, 1990.08.
국정감사는 역사의 진실을 캐는 첫 삽질, 「국회신문」 창간호, 1990.
나눔의 기쁨, 「새얼회보」 제5호, 1985.03.
다시 길을 나서며, 「기쁨과 희망 사목연구원 회보」, 2008.06.11.
다시 전열을 가다듬자(동일방직 해고노동자들의 호소), 1978.09.01.
대대적인 종교행사가 신앙의 의미를 준다고 보십니까? 「사목」 제135호, 1990.04.
레지오 단원의 어제와 오늘, 「공동체 회보」 제5호, 1989.09.

민주화와 교회의 역할, 「경향잡지」, 1989.04.
민주화와 그 진통, 「공동체 회보」 제9호, 1990.01.
사제성소자의 선발과 교육, 「사목」, 1991.
순교자, 강 골롬바(완숙), 「부르심」 제14호, 1986.09.
어머니 중의 어머니이신 마리아, 「경향잡지」, 1984.05.
의사 안중근(토마스)과 평신도, 「인천주보」, 2003.03.09.
종교인의 역할, 「인천 라이프지」 창간호, 1990.09.
죽음과 고통의 의미, 「공동체 회보」 제19호, 1990.11.
지역여론의 한 귀퉁이로, 「목요마당」 창간호, 1992.12.
참회, 기쁨과희망사목연구원 회보, 2008.10.09.
추모에 앞서 해야 할 것, 기쁨과희망사목연구원 회보, 2008.06.02.
친일인명사전, 맘몬이 아니라 하느님, 기쁨과희망사목연구원 회보, 2008.11.11.
평화의 모후이신 어머니, 「레지오마리애」, 1989.07.
한국 교회 통일론, 「공동체 회보」 제8호, 1989.12.
한국 교회의 통일론과 한국 교회의 역할, 「공동체 회보」 제6호, 1989.10.
회개와 가난정신, 「정의가 강물처럼」(지학순정의평화기금회보), 2010.09.
희망을 품고 떠오르는 새해를 맞이합시다, 「정의가 강물처럼」(지학순정의평화기금 회보), 2016.12.
희망의 새날을 기다리며, 「정의가 강물처럼」(지학순정의평화기금 회보), 2009.12.

■ 주요 강론
사순주일강론, 「사목」 제123호, 1989.03.
연중강론(10주), 「사목」 제125호, 1989.06.
연중강론(23주), 「사목」 제129호, 1989.09.
대림강론, 「사목」 제131호, 1990.12.
은경축미사 강론, 1994.11.11.
사제성화의 날, 수원교구 사제단 강론(천진암), 2001.07.05.(개인소장)
효순이, 미선이 추모미사 강론, 2002.08.31.
6월항쟁 20주년 기념미사 강론, 2007.05.18.
고 노무현 대통령을 위한 추모미사, 2009.05.28.
영원히 기억되고 따라야 할 사제, 2011.03.26.
전국꾸르실료 간사 연수 미사강론, 연도미상(개인소장)
피앗(Fiat)을 사는 수도자, 「섭리회보」, 연도미상

사제 김병상의 삶과 신앙의 기록

따뜻한 동행

초판 1쇄 발행 | 2018년 12월 10일
2쇄 발행 | 2019년 4월 10일

지은이 | 김병상과함께
펴낸이 | 이재호
펴낸곳 | 리북
등 록 | 1995년 12월 21일 제406-1995-000144호
주 소 | 경기도 파주시 광인사길 68, 2층(문발동)
전 화 | 031-955-6435
팩 스 | 031-955-6437
홈페이지 | www.leebook.com

정 가 | 17,000원
ISBN 978-89-97496-56-3

Nihil Obstat : Rev. Pius Lee, Censor Librorum
Imprimatur : Most Rev. John Baptist Jung Shin-chul, S.T.D., D.D
　　　　　　　Episcopus Dioecesanus Incheonensis
2018. 11. 15.